吴非 著

照亮校园的常识

中国人民大学出版社
·北京·

图书在版编目（CIP）数据

照亮校园的常识 / 吴非著. —北京：中国人民大学出版社，2019.9
ISBN 978－7－300－27338－9

Ⅰ. ①照… Ⅱ. ①吴… Ⅲ. ①教育—随笔—中国—文集 Ⅳ. ①G52-53

中国版本图书馆 CIP 数据核字（2019）第 185797 号

照亮校园的常识
吴　非　著
Zhaoliang Xiaoyuan de Changshi

出版发行	中国人民大学出版社		
社　　址	北京中关村大街 31 号	邮政编码	100080
电　　话	010－62511242（总编室）		010－62511770（质管部）
	010－82501766（邮购部）		010－62514148（门市部）
	010－62515195（发行公司）		010－62515275（盗版举报）
网　　址	http://www.crup.com.cn		
经　　销	新华书店		
印　　刷	北京华宇信诺印刷有限公司		
开　　本	168 mm × 239 mm　16 开本	版　　次	2019 年 9 月第 1 版
印　　张	15.25　插页 1	印　　次	2023 年 4 月第 7 次印刷
字　　数	200 000	定　　价	58.00 元

目录

II

IV / 179

教师是守常识的学习者

序

教育常识，简而言之，是在适当的时机做正确的事，并积久形成的教育文明。

人们把教师职业视为“平凡的工作”，也许因为一方面，这个职业无须做惊心动魄的冒险，不易令人萌生建功立业的野心；另一方面，要在漫长时期谨守简单的道理和朴素的常识，就不太可能开创史诗般宏大壮阔的气象。特别是在基础教育阶段，在学生生命初始的十几年，教师要和他们一起，斫开认识世界、认识自我的路，如果没有持久的勇毅和发现的趣味，的确会感到那种周而复始的劳作，是如此平淡无奇。然而，没有人能飞越这一普通过程，你必须一步一步地走过。教育，就如同一路上吟唱着的古老叙事诗，这首诗不是简单的重复，而是常常扣人心弦，流出新意；教师，就是路上的一盏灯，任凭行吟者从你身边缓缓走过，如果你已安之若素，成了一盏并不耀眼的灯的话。

教育的基本原则，是了解常识、尊重常识。教育常识体现教育的基本规律，不受个人意志和利益的驱使，保护所有人受教育的权益，帮助人正确认识世界和自我。回顾过往的教学之路，我们可以发现，但凡“风调雨顺”时，无不因为依靠常识并有遵循规律的社会环境（或是有能力营造、形成守常识的“小气候”），有一间安静的教室，教师能比较正常地实施教育；而违背常识，无视规律，必然招致挫折与失败。我经常和同行说，我不算有多少智慧的人，只不过遵守常识让我少犯了一些错误，仅此而已。

教育教学实践中，常识不断地被发现，被重新认识，特别在出现失误、遭遇挫折之际，理性的反思促使人们回归朴素的常识。常识并非静态的知识。它不是孤立的，它也在发展。尊重常识，必然能发现常识在不同情境中呈现出的丰富。人们对外部世界的认知，必须通过探究和寻找，这样的探索，使常识得以延续、传播，出现创造性的使用，并在新的实践中被人重新认识。教育创新，不可能背离常识；所谓“奇迹”，不可能违背事物发展的基本规律。许多非凡的见解，其实是常识，只不过经常被处于狂热、惊喜中的人们所忽视。

尊重常识并能始终守常，绝非一件容易的事。常识，很难被否定，却常常得不到应有的尊重。人们会承认常识，但在具体行为上，往往止不住东张西望，被形形色色的“反常识”所诱惑。

毋庸讳言，现今中小学教育，普及常识的任务也许比加大教育投入更为迫切。教育投入少，至多是难以达到目标；违反教育常识，则势必形成“反教育”。随着应试教育的出现和发展，学校教育和教师的教学出现了很多违反常识的行为，在功利主义的驱动下，“反常识”往往有深厚的社会基础，人多势众，形成风气，而“守常识”的学校和教师往往承受重压，甚至孤立无援。

遵守教育教学常识，为什么会变得这样困难，成为困扰学校和教师的问题？为什么大批教师被反常识的行为裹胁，在教育教学中做出错误的选择？

当一个社会普遍尊重常识、尊重思想时，才会有真正的进步。但是，不能认为常识姓“常”，就一定成为人之常、世之常。常情常理，也和常识一样，为人知而未必为人所尊重，否则世界早已太平无事。

教育界反常识的行为，往往举着迷惑性很强的旗号，扭曲教育的目的，用利益诱惑学生，急于事功，以牺牲学生的尊严和发展换取短期利益。反常识的社会基础，有功利主义，有民粹情绪，也有科学认知的缺乏。为求一时之安宁，在客观上延续蒙昧，无理性地制约、违背教育常识的行为是放弃文明的开始。在具体的教育中，反常识的教育行为往往带有抹不去的私欲和利益。我们不难看到，校园里那些浮躁、浅薄和荒谬的现象背后，是欲望和诱惑，是一些人的私利。

群体活动中，一部分人的行为意志会影响另一部分人的思维，一些人的选择会干扰另一些人的判断。在利益诱惑下，放弃长远目标，或本身缺乏理性判断，都会导致人们违反常识、做出错误选择。教育教学不是个体行为，在功利主义盛行的环境下，违背教育规律，违反教育常识，追逐短期利益，往往因为“大家都这样干”；要守常识，必须独立思考，敢于做单枪匹马的独行者。

如果教师的确无力改变环境，为什么想不到改变自己？先让自己成为一个守常识的人，至少能给学生留下一点儿正确的教育记忆。

我交往的，都是那些被称为“普通教师”的老师，虽然我一直不明白为什么会有“普通教师”的说法。我因此想到，以后，会不会有“正常教师”的说法？当然，很可能会有“正常学校”和“正常教育”的提法，不过，真到了那个地步，一个时代的发展将面临更大的困难。

收在这本书中的，都是近年有关学校和教学的思考，无甚高论，全是我在重温的常识。常识伟大，也很平常，我用半生时间去学，不断地豁然开朗，也不断地面对新的困惑。

我以前曾想，相信未来，只要未来能证明我的选择是正确的，就无怨无悔。后来，我有了新的想法——我根本不必在意历史能否证明我的思考正确与否，我只要在选择时尊重了常识，没有违背自己的意志，其他便无所谓。如果我仍然期盼“历史证明”，则说明我还心存私念、在意他人或后人的评说、对个人思考的价值缺乏自信，说明我的一言一行还存有后顾之忧、还在受外界干扰。那样，我的职业认识就还不够纯粹，我仍然没能为自己而活，仍然有可能违背常识。

常识，在每一个时代都曾困扰过人们，也仍将伴随人们的思考和实践。空寂中，经常隐约回响着一些声音，细听而静默，无意则轰鸣，我以为那是前辈探索者的争论或自语。很多简单的教育常识，仍然在陪伴一代又一代的教师。人们在交流那些非凡的见识时，往往想不到常识就在他们身边。

是为序。

吴 非

2019年3月

I

简明的常识

要想不背离常识，只有让常识融入职业习惯，成为『平常』。

校园的常识之光

很多年过去了，和许多老年人一样，我会时时回想自己小学和中学生活的片段。

经常听闻“某某届毕业30周年纪念活动”“某某小学某届某班聚会”，参加者多是中老年人，还见过老人们的“小学同学微信群”，而他们的孙辈已经是中学生了。不奇怪。当年我当班主任时，多次想象过这样的场景。随着岁月的流逝，沉淀在记忆最深处的，是人的童年和少年。基础教育是人一生的“底子”，那张白纸上最早打上的底色，注定要成为终生记忆。

童年就需要明白的简单道理，将一步一步发展为生命信仰。无论如何，不要以为常识仅仅是幼童的学习任务，很多白发苍苍的大人物，至死也没能明白那些简单的常识。他们拒绝、否认那些简明的道理，他们人生轨迹的倾覆点，往往在与常识对抗之时。

要引导学生关注校园的真善美，让他们获得精神启迪；要鼓励他们在校园里培育友情，找到一生的朋友；要引导他们关注活生生的人和人的精神。校园里有他们敬重的老师，有无话不谈的朋友，这里发生的一切，都会成为他们的教育记忆，包括他们并不认可但值得思考的事。

学校要尽可能避免错误的教育，因为任何教育行为都会影响儿童和少年。学校教育要想少犯错误或不犯错误，必须遵循常识。家庭是私人空间，学校则是社会。校园的精神文化水平高于一般家庭，教育才可能推动社会文明的发展。如果学校教育违反基本常识，家庭几乎无力抗拒；学校教育出现的错误，家庭很难纠正。因此，必须对学校教育提出高一些的要求。

在小学和中学时代，学生睁大眼睛看世界，心怀浪漫的梦想。虽然在这个阶段，他们会受到蛊惑和灌输，会受到形形色色的物质诱惑，但是教育工作者理应比一般人清醒，学校教育要为人的一生负责。童年是生命的礼物，要种下梦想；青春是最珍贵的时光，不能充当荣华利禄的牺牲品。学校教育如果引导错了，有可能让人一生处于蒙昧之中。

在起始阶段，教育不能粗糙，如果学校的教育观庸俗甚至错误，学生的价值观就会扭曲；学生如果被“𫐓以为轮”，一生将“不复挺”，其精神也就难以直立了。我在高中教学多年，发现学生在小学和初中养成的不良习惯，在高中三年很难纠正，往往要付出极大的代价。

学校要利用一切可能的积极因素教育学生，但是，学校做任何事都不宜带有宣传动机。“制造轰动效应”和“追求新闻效果”不可能形成正常的教育，只会把学生的思想搅乱，让他们变得浮躁、功利。

教育的特征是潜移默化，“春风化雨”的同时，还要注意顺其自然。教育活动的设计要深思熟虑，不要刺激学生做无益的事。谨慎不同于保守。

我们这代教师的认知不太可能超越时代，实事求是地说，我们已经能看到违反常识、违背规律的后果。学校教育没有理性的反思，就很难保证不再犯错误。我们能为已发生的教育行为寻找合理依据，说明仍有点儿理性（至少是残存的）；而一旦人们认为不需要为那些教育行为寻找合理性时，他们就已经拒绝了常识，不愿“讲理”了。这时候，“教育”是无“品质”的，也根本没有了“责任”。

因为学校教育会给学生留下终生记忆，教育行为有精神引领作用，所以为学生未来着想，教师不能向学生灌输庸俗的人生观。

学生有思维判断力，他们能敏感地关注校园里发生的事。曾有学生关切地问：“老师，您最近工作是不是遇到了很大的困难？”我说：“习惯了。会过去的。”我并非刻意轻描淡写，的确是对困难习以为常了。教师是学校教育的主导力量，必须有责任和担当，不仅仅因为学生在看着我们。

我常对学生说，“顺利”和“成功”往往只是两次困难时期之间的休息或过渡。瞬间的快感，一闪而过；真正有价值而且必须学会的，是和失败、挫折相处，和困难相处，和问题相处，以不停的思考和探索等待发现，以之为“日常生活”。习惯了，人，就这样“立”了起来。

要鼓励并引导儿童、少年去探索、探究，让学习逐渐成为生命需要，成为灵魂和精神的冒险。最有价值的学习总是伴随困难和问题而行的。经历困境和黑暗，往往更能培育理想者寻找光明的意志和能力。最有效的学习总会发生在最困难的时期。其间的体验，对一生的学习而言，有如灯塔或坐标。

那个想到第一步的人未必能知晓其后的一切，开启思维之门需要孤寂的环境。他不会在意有没有人能记住他的名姓，他只是不停地思想，追索问题的根本。

有时候，错误是必需的经历，需要注意的是减少错误、不重复错误。在和学生的交流中，我曾不得不说：你在学校接受或看到的一切，未必都是正确的；我是你的老师，但我不能保证教给你的都是正确的，因为我的智慧是有限的；你必须学会独立思考，学会辨别和判断。

当人们谈起一只鸟时，会想象它在飞翔；而人们自认为能清楚地观察一只鸟时，是在它落下栖息时。清醒地思考教育的常识，往往是在某个现象发生之后，而未必会在过程之中。这是我们的局限性。

如果在未来，学生回忆学校教育，能记住的是基本规则和教养，是文明的行为习惯，那就是说，他们的一些老师“在很久很久以前”，用常识照亮了他们的童年和少年。

简明的常识

所有的教育教学疑难，其实未必复杂。前人无数次遇到过，也摸索出了解决的基本方法。只是人们往往会忽视普遍的经验，甚至不想了解；即使知其一二，也不重视，认为那些经验和教训“适用于一般人”，而“我的问题”是特殊的。

不愿面对问题，也不想了解常识，以为凭自信可以战无不胜，就必然违背常识。

好多问题，回答可以是简单的，因为不过是常识。

为什么基础教育要强调公平？因为每个人都获得学习的权利，才会有社会的公平。

为什么义务教育是强制性的？因为如果有一部分人不接受义务教育，所有人都将被这部分人的无知和野蛮拖累，社会文明水平就会被拉低。

为什么社会必须给教师优厚的待遇？因为要利用他们推动社会文明的进步。

支撑教师地位的难道是物质待遇吗？不全是。教师有比较高的物质待遇、能够有尊严地生活固然重要，但更重要的是要有精神世界，首先要有趣味，教育教学工作的趣味。

你认为优秀教师的主要特征是什么？爱思考、善学习。

为什么基础教育会有这么多难题？因为教育和社会状态同步，社会有什么问题，教育就会呈现相同或相似的状态。

教育能不能领先社会发展？有可能，只要公众有危机意识，有正确的价值追求，社会就能为教育创造好一些的发展环境。

“教学”究竟是什么？是“教什么”和“怎样教”、“学什么”和“怎样学”。

为什么学校的考试成绩不能排名次？因为考试是学生个人的事，公开学生成绩会伤害学生。考试不是竞赛。

为什么要控制作业量，要“减负”？因为事实证明，过多的作业阻碍学生智力发展，导致厌学。

每周安排四节体育课，多不多？不多。中小学生每天至少应当有一小时的体育锻炼。

中学住校生晚上九点钟结束晚自习，是不是太早？不早，一定要保证学生八小时睡眠。

为什么每学期家长会只有两次？因为如果学生在学校学习正常，家长便没有必要过多地到学校去。家长要做好本职工作。

一些教师布置作业过多，是什么原因？可能是专业水平不达标，也可能是有焦虑症，还有可能是受到了家长焦虑的干扰。

为什么一些教师会训斥学生甚至体罚学生？因为专业修养差。

如果有条件择校，你认为应当怎样择校？选择办学文明的学校，不要短视，不要从众、一窝蜂，不能牺牲孩子的自由。让孩子吃点儿苦不要紧，但不要吃不该吃的苦。

怎样选择老师？“爱其子，择师而教之”，是古代的事；现代学校教学，不可能。要想办法提高自身修养，与教师和谐相处。

如果学生和老师有冲突怎么办？开诚布公地交流，双方都要有礼貌，服从规则。

什么样的学生最好教？有教养，习惯好。一个人养成了良好的思维习惯和行为习惯，未来便能获得比一般人更多的愉快。

你是否承认有的学生像是有极端自私的基因，不太可能教好他？的确有学生会拒绝理性，拒绝爱和美，这不完全是教育的责任。教育的路很长，学生的路也很长，教师要在这一段尽力。职业生涯总会留下一些遗憾。

你认为学生走出学校，教师应当有什么样的期待？我没什么特别的期待。好多学生离开学校，能有安静的生活，有正常的物质保障，有点儿精神追求，就很好；如果有条件时，抓住机会做些想做的事，那就更好。

你认为学生的学习最重要的外部因素是什么？是家庭。家长是对他们影响最大的人。如果家长本人有自觉的学习意识，子女一般都知道该做什么以及怎样做。

学校为什么不能缩短假期给学生补课？学校缩短假期给学生补课，证明没能在规定时间内完成教学任务，是失职行为。

教师可以给学生补课吗？如果学生因事因病耽误学习，教师课余在不影响学生休息的情况下可以适当辅导，可以将地点安排在办公室，由学校发放津贴，但不能接受学生及家长给付的报酬。

一所学校要想“迅速改变面貌”，是不是需要得力的校长？一般而言，学校不太可能“迅速改变面貌”。说一所学校“迅速改变面貌”，一般是暗示其原来的基础太差、各项工作存在异常。

你怎么看中小学校科研成绩评比？教师科研能力强，很好；但是，中小学的主要任务是课堂教学，教师要重视课堂。

怎样做好教师培训工作？启发教师的反思意识，让他们有时间安静地读些书。

应当向教师推荐哪些书？推荐书目只能作为参考。教师受过专门的职业训练，在阅读方面应当有选择判断的能力，否则不合格。

你说的“安静的学校”是什么意思？是指学生有“课外”、教师有“业余”、新闻少的学校。

“名校”应当有哪些条件？历史悠久，校风稳定，教师群体业务功底扎实、有君子之风，对一地的教化有推动作用。

怎样才能实现“教育家办学”？要正确理解这个说法。它可能主要指的是“教育专家办学”。和“企业家”“作家”不太一样，“教育家”一般有几个要素：有比较完整的教育思想体系，有长期的办学实践，其教育学术思想在一个地区或某个领域形成了较广泛的影响，年高德劭，或去世多年。

是否有必要强制推行常识教育？很难。敬重并遵守常识的人并不多，而到人们能自觉寻找并接受常识时，很可能已经付出代价。如果学校里能有一部分教师守住常识，就可以避免或减少损失。

…………

我觉得，只要能独立思考，关注简单现象的成因，遵守常识没有什么难的。教育教学，要依靠常识。

——如果抬杠，每句话都要“辩证”，以为“越辩越明”，就得花大力气，把每句话都写成一本书或好多本书。把常识做成“学问”，也是违背常识的。

这些，是普通的常识

低年级课堂教学，无论如何，教师不要训斥学生，要想办法引导学生去关注问题、激发兴趣。“循循善诱”是古老的教育常识，只是懂得这一点需要比较长的过程。

学生上课注意力不集中，尽量不要批评，暗示一下就可以了，只要他们没有妨碍别人。最好的办法是用有意思的问题吸引学生的注意。

不要随意打断学生的思路。他们沉浸在思考中，同样是一种好的学习状态。最可怕的是学生什么都不想，或者是除了教师的话什么也不信。

不必让学生亦步亦趋地跟着教师，他们的思考和想象也许更有价值，那是完全属于个人的思维活动。

启发学生思考，提出有意思的问题，让他们学会质疑并发现新的问题。在这样的过程中，让学生逐渐地适应并勇于面对“错综复杂”。

培养学生的质疑精神，让他们能想办法“问倒教师”，是教师的教学任务。不过，只有最聪明的教师善于这样做。

课堂没有权威，但教师教学必须严谨。学生和教师一样，都会关注对方的思维方法，探讨思考价值。

课堂上如果有三五分钟“七嘴八舌”“吵成一团”，不要担心这样的课堂争辩会“影响进度”。学生积极地发表个人见解，迫切地辩说，这种机会可遇不可求，教师不要急于中断他们的争辩。试图平息争辩，等同于压制思维活动。

有时，课堂出现沉默，教师不要因此紧张。也许学生需要一些思考时间，也许教师所给的思考时间不够。教师要沉得住气，耐心等待。教师要能判断出“静思”与“沉闷”的不同。

有时，课堂的沉闷不是教师造成的，而是错误的学习态度，或应试竞争导致的学风问题。对此，教师不一定有能力在短时间内扭转，不必过多自责。

批改作业，重要的是了解学生理解问题的思路和判断的依据。思维过程重要，不要只看答案。

不管是布置的作业还是试卷，教师一定要试做一遍，估测完成时间，检查分值是否合理，防止错题和失误。错误的作业会破坏学生的学习情绪，错误的试题会破坏考试公平。

保持教室的安静，让学生养成在安静中思考的习惯。

教师上课时能保持自然，并能让自己的学生也保持这种状态，是比较理想的。一些教师上课比较“生硬”，他们的设计不够灵活，表达不自然，即使没有外部的干扰，他们也总是很紧张。在这样的课堂上，学生的思考会受到阻滞。如果学生总说“紧张的学习开始了”，或许是很遗憾的事，“紧张”总是让人们的想象力和创造思维受损。很多重要的创意是在悠闲、安静、轻松的状态下诞生的。教师要尽些努力，让学生这样想：“有趣的学习开始了。”

要培养学生的合作意识。中小学教育不要动辄提“竞争”，二者很难相容。教师应当客观地回顾“竞争”之路给自己带来的一切，不要自欺欺人。

目前教学中值得注意的，是随着社会物质条件的好转，以及应试教育的发展，学生的课外学习交流普遍减少，这就很难形成有效的学习。

帮助同学是提高自己的有效途径。自己能学会，不算难；帮别人学会，不但需要诚意和耐心，还需要高于同伴的观察、了解、分析的能力以及启发、表达的经验，这是一次检验个人思维能力的实践。在这一过程中，个人能力会获得更有效的提升。

在学习上能帮助同学的人，综合能力一般都比较强。然而能认识到这一点并在教育中积极倡导的教师并不多，可能和教师的校园经历有关。

让小学生多去图书馆，用两节课甚至整个半天盘桓其中，随他们做什么，不必提要求，会有一部分学生在图书馆找到感兴趣的事。教师可随机观察学生的学习习惯及趣味。至于有多大的成效，不知道；但学生在校期间，最好能有这方面的经历。

引导学生去爱书籍，任由他们着迷，让他们有机会找到几本终生喜爱的书。他们在今后的生活中可能会有许多困难，但那些他们热爱的书，能在黑暗中发光。

学校教育的好多事，不一定是为了“用”，而只是为了“记住”。

…………

这些，都是很普通的常识，可以被任何人了解并接受，只是接受程度不同而已。如果把教育教学常识夸大到人们敬而远之的位置，让人们以为可望而不可即甚至不可望不可及，从而远离了常识，那么“教育”“教学”的目的也就难以达到。在浮躁的时代，一些教育常识被故弄玄虚地学术化，也导致部分人对教育教学产生误识，认为其高不可攀。其实，在一个有一千多万教育工作者、一亿多中小学生的国度，教育常识不可能是深奥的，中小学的学科教学也不可能深不可测。好多“经验”，不过是老生常谈。我的笔记本上，记了一些和中小学同行交流时的心得，我和老师们并不认为常识有什么奥妙，只是当我们长期践行后，便会意识到它的重要。

从事任何职业，时间久了，都可能出现倦怠，不同的是能否有期待和恒心，能否有发现。假如有求知欲的学生遇上了正处于职业倦怠中的教师，会有什么样的后果？细细一想，不寒而栗。

学生，特别是小学生，最想看到老师微笑着走进教室，亲切地站在他们面前。

这种事很难吗？不难。所有的老师都能做到。

这个要求很容易吗？未必。因为要持续十几年、几十年。

中小学教师要做的，是这样一些“简单的难事”。要想不背离常识，只有让常识融入职业习惯，成为“平常”。

要“人”，还是要“才”

有位老师说起，学生考上大学后，在路上遇到他，竟装作没看见，而且这样的事不止一次。我了解那位老师，他的业务修养很好，多年在高三“把关”，为人正派，从不要求学生“感恩”，他只是对学生冷漠的处世态度感到困惑。我以前也说过，我不在意学生的“成功”，我也不太看重学生的高考分数，但如果他们的人格有缺陷，作为教师，我会很难堪。

基础教育的基本任务究竟是什么？不是没话找话，这还真是个问题。小到可以一言以蔽之，大到可以写一本书，甚至长期讨论而莫衷一是。

不妨“倒过来”观察，先看看社会的“教育评价文化”。因为站在终端，有可能观察其“来路”。几年前的一个夏天，清华、北大两校为抢某地“高考状元”，围追堵截，争得面红耳赤，大失风度，这也让一部分教师和学生看清了中国名校的胸襟。在无数的场合，人们都讲“早出人才，多出人才，快出人才”，也习以为常地抢夺人才来“培养”。这样的风气传染给了基础教育。如果一所学校有了些发展，升学率高了，就会被称作“人才的摇篮”——除了“人才”，其余不足道。高中校长会介绍自己学校的高考升学率有多高，考上北大、清华的有多少人，似乎除了几名考上北大、清华的，其余成百上千的学生不存在；初中校长会介绍考上重点高中的比例“在区里排第几”，连续多少年出了“区中考状元”；小学校长会介绍有多少人“获得知识竞赛一等奖”，平均每个学生有多少种“特长”……似乎不说出一点儿“高人一等”之处，这就是所平常的学校了。

在功利风气中，也有很多“平常的学校”恬然自安。我听过一些“薄弱学校”的校长说：“学生在学校学会了讲卫生，不乱扔垃圾了。”“学生回家提醒家长不要穿拖鞋到学校，不能在学校吸烟。”“家长告诉老师，孩子在他面前不敢说脏话了。”——我听了很感动，这些，比考上北大、清华更有社会价值。基础教育就是要培养人的好习惯，培养“人”。问题在于，社会肯定什么，鼓励什么，就会有什么样的教育目标，人们就会用一定的手段去追求。

电影《天下无贼》里贼首有句台词——“21世纪什么最贵？人才！”随着传扬，成为社会性的戏谑。但是，基础教育所要培养的，究竟是“人”，还是“才”？教育应立足于培养未来的人，还是培养“急需的人才”？

我过去的学生常常相聚，他们绝大多数上过大学，但从事的职业不一样，辛劳程度不一样，有些人自称“运气好”，有些人“没抓住机会”，境遇不一，收入差距也就比较大。我感到欣慰的是，他们仍然能像当年同窗时，如兄弟姐妹一般坐在一起，畅谈人生体悟。

首先，他们能享受人的幸福。他们能理解人生，能满足于通过劳动获得的一切；他们懂得珍惜生活，他们有自尊，爱家庭、爱子女，也爱人间；他们尊重他人，希望人与人平等相处，渴望社会公正、公平。其次才是体现在劳动中的创造力，而这种“成功”也不能用名利作为评价标尺。我有几位学生出于各种原因没去上大学，但他们仍然像高中时代一样爱读书，对社会问题有独到的见解，有尊严，有自信。

有位外省老师来南京交流，我问他在南京还有什么安排，他说有学生接送并聚会。他告诉我，他任教的学校是“薄弱学校”，学生没有几个能考上大学，毕业后大多漂流到各地谋生。他无论到哪个城市，都会有学生跑来见他。——如果按时下流行的“人才”标准，对于这些没上过大学的中青年，可能很多人不屑一提，然而他们都有饱满的人性，他们遵纪守法，通过劳动赚钱养家，立于社会，有余力则去帮助比自己弱小的人。无数这样的“普通人”支撑着这个国家和时代。

反观现今那些犯罪下狱的官员，大多数是被作为“人才”提拔、重用的。每每公开贪官污吏的个人简历，我都会注意他们毕业的学校，也会推想他们在学校的表现，从报道中寻找值得关注的蛛丝马迹，希望能给我们从事教育的人一些启示。社会要有反面教材。这一类人当初是被当作“才”提拔的，却成了不合格的“人”，耗费了社会那么大的代价，造成了那么大的损失，不是开除、判刑就可以交代的，必须要有深刻的反思。

过于功利的应试教育，在培养“精致的利己主义者”的同时，也在更多地培养“粗糙的人才”“粗野的人才”。我供职的学校，有位毕业生赴美留学，曾和一位中国女学生相恋，分手后，这名男生竟然用刀杀害了她。美国常有校园命案，但据说美国人对此案特别震惊：为什么一个博士生因为别人不再爱自己就杀人？大多数人做事可能都有必然的行为逻辑，未必都是出于“激情”或“一念之差”。我想，凭着这个留学生在国内读中小学和大学时的状态，以及他在美国名校读博士的资历，他的学科“基础”应当是合格的。按中国社会的“人才”标准，他是“才”。他在小学、中学和大学，可能一直被众人关注，得到各种嘉奖；他也许很“励志”，想成为杰出人物。但他的心中只有一个“我”，而没有“他人”；只有“名”与“利”，而没有真正的作为人的幸福与快乐。即使这次他没有杀害前恋人，以他的性格与行为逻辑，假如你和这个“人才”共事，长年在一个办公室相处，你会有安全感，会感到愉快吗？

我想，你也许更愿意面前站着一个“普通的”“合格的”人。

回归常识，重铸教育的人道精神

教育要培育人，教育自身必须富有人道精神。

人对精神世界的追求，为生命带来丰富的感受。在漫长的教育过程中，人的情感、态度和价值观逐步形成，感受美的熏陶、仁爱与善良、自由与自律、激情与青春，感悟辽阔的课堂、无穷的趣味、理智与梦想。在这样的教育中，人期待开启智慧之光，孕育高贵精神，以庄严的态度对待生命和世界……这些，不是乌托邦，是触手可及的普通教育，只要课堂上始终有真正的教师，学校教育有正常的理念，社会有真、善、美的土壤。教师的教育行为有可能被学生铭记一生，所以必须慎之又慎，任何妨害、阻隔人之天性的教育，都有可能给人的一生蒙上阴影。

对学生而言，刻苦努力也许重要；更重要的，是知晓学习的意义，能自主而有趣地学习，培育思维品质。如果学生丧失了个人见解，学习已经中止。现在，当教师问一名学生“你有什么看法”时，往往会让学生窘迫，因为他从小受的大多是没有“个人见解”的教育。教师有没有教过“独立思考”“我认为”？学校有没有针对“个人”的建议？有没有唤醒“人”的意识？如果教育不重视培育人正常的思维和情感，它的危害迟早会在人的命运中显现出来。没有思维的主动，没有思维的自觉，作为人，他的精神便会残缺。

单纯的应试教育败坏了人的思维。为掩饰教育方针贯彻过程中的种种短板，业界发明了一些相应的解说，现今中小学过多地强调“特色”，而把违反常识、违反规律的教育行为全都推卸给“国情”。由于按自我意志曲解“国情”，标注“特色”，教育界也就以为可自我解脱，从而更加安于现状。因为缺乏改革的智慧和回归常识的勇气，就不得不在这样的境况中拖延，等待。一个负责任的社会该怎样办教育？人们似乎期待未来会对此做出澄清和反思。可长时期的等待，不可避免地会出现后果。为什么非要等后果出现了再反思？为什么不从现在开始？

人们所做的一切，都会有“后来”。未来将如何评价我们今天的教育？

我之所以常常感到忧虑，乃因为今天教育所做的事，逃不过历史的评判，特别是当今基础教育中那些反常识、反人道的行为。不能指望可以通过说谎来文过饰非，在信息存储技术高度发达的当今，人的行为和言论资料都会保留到很远的未来，成为评判一个时代的依据。况且，违背常识、践踏规律的所作所为，已在当今社会遭到质疑、批评，又何以能逃脱历史的评判？后之视今，也犹今之视昔。百年来，社会曾对科举制度做过严厉的抨击，认为其残害人性，更把“范进中举”“孔乙己”的故事当作反面典型编进教科书让学生批判，殊不知稍有思想的学生并不认为范进和孔乙己可怜。范进和孔乙己的遭遇反映出的世态炎凉，正契合现今宣扬的“教育改变命运”的“成功论”。锲而不舍，早晚或成范进；锲而舍之，运气不佳，只能像孔乙己一样在咸亨酒店站着，以茴香豆下酒。当下，各种媒体仍在喋喋不休地宣传“状元”，只不过“状元”不再骑马游街，改为坐高档轿车，而名落孙山者则不得不打工、送外卖、发小广告……所有科举的悲喜剧都有现代版，这是教育的倒退，如鲁迅说的“改革一两，反动十斤”。民国的基础教育规模不及当今，但有相当多的教育成就值得后人研究，特别是那些朴素的教育观念和基本常识。我在南京师范大学附属中学服务多年，阅读过校史资料，有些人和事给我启示。如，1949届的袁隆平读高中时数学成绩一直不好，毕业时数学不及格，但是他充满自由精神，保持学习兴趣，这是他能“有后劲儿”的重要因素；要是在当今，他也许早早就会被教师逼去补课，最终顶多被送到“三本”。

对“办人民满意的教育”的内涵，是不是该做些具体解析？因为它所包含的不确定性，很容易被民粹利用。民粹不一定没有历史价值，但它反对多元，主张单一，使新时期教育界出现一种偏向——以升学率为唯一追求，这一直在伤害基础教育的品质。“应试教育”和“应试教学”原本并不是一回事，“应试”是学习的一种能力而非目的，更不是教育的目标。“应试”成了“教育”，教育即消亡，教育的对象也就成了“非人”。30多年前，在“教学为应试服务”的意识在贫瘠的土地上播下第一把种子时，谁也想不到几十年时间它竟如火如荼，以极强的冲击力，长驱直入教育文明相对较高的都市。当年对于部分学校违规办学，减少学生体育课，私自增加课时和晚自习时间，媒体尚敢于质疑、批评，还算懂点儿教育常识；现在，那种每月只休息一两天、封闭式集中营学校反倒被教育媒体视为“成功”的典型，一些权威媒体也公然违反教育常识，鼓吹那些以素质教育为幌子，行应试教育之实的假典型、伪典型。某些教育行政部门以升学率为评价学校办学成果的唯一指标，完全不顾学生的身心健康。三年高中，许多学校的复习备考实际用去一年半，大量的时间用于操练考试而不是去学更有价值的课程。学得少，“习”得多，“考”得多，本末倒置。许多学校奉行题海战术，通过超量作业把学生训练成应试机器。过去，对这些现象，教育行政部门“三令五申”，社会困惑质疑，业内无奈沉默，可现在情况似乎愈演愈烈。的确应当“办人民满意的教育”，同时更要明确：要办对人的未来、对民族的未来负责的教育，还要办对教师职业生命负责的教育。如此，教育才可能是生命的礼物而非一场声嘶力竭的苦难行军。

读书学习，需要一定的付出，青少年在成长过程中需要吃点儿苦，然而，必须“苦得有价值、有意义”。不能鼓动学生牺牲童年、少年的权利去换取进入名校的机会，不能用剥夺学习趣味去换取没有实际价值的“分数”“名次”，不能预支、透支学习精力以换取所谓起跑线上的

"领先"。一些学校用反人道的手段管理教学，掠夺优质生源，夺取办学优势，客观上破坏教育生态，贻害学生，是地地道道的"反教育"。

"应试"不过是学习过程中需要的一种能力，但是，把培养应试能力作为教育的主要任务甚至唯一目的，不仅败坏了教育的品质，也摧毁了教师对职业的热爱。基础教育12年，离高考越近，教师的趣味越少。学前教育相对稍好，然而，众多家长已经"代表子女"瞄准了终点线。

应试教育导致教师的专业素养整体下降。目前教师群体平均学历是有史以来最高的，然而职业技术水准并不高，职业精神不如以前，职业倦怠期普遍提前。实用主义哲学有强大的社会基础：一方面，遵守常识不一定安全，违反规律未必受到惩罚；另一方面，文明不一定受到尊重，野蛮却常常轻而易举地压制文明。大批不宜从事教育的人在管理教育，因为他们的"违章操作"能赢得喝彩声，他们能利用民意，以非常手段提高升学率，取得家长支持。于是，"反教育"俨然成为"人民满意的教育"。这是对教育的亵渎。非人道的教育的共同之处，就是牺牲学生有价值地学习的权利，最大限度地榨取学生的精力和时间，以换取高升学率，获取个人利益。

未来之世，人们观察教育史，会毫无顾忌地揭开历史帷幕观察，他们有我们今天所不及的智慧、方法和明辨是非的判断力，他们不会轻信文字记载，而会依据常识去思考、去判断：当时的人们为什么会用那么多的时间学那么少的东西？当年的试卷为什么那么低级、荒谬？为什么在学校上完了课还要去上"补习班"？为什么出版社和书店要靠"教辅"维持？为什么中小学教师必须接受强制培训？为什么当时的学生课外时间很少？为什么那么多中小学生戴眼镜？……他们未必会以"诺贝尔奖"获奖数的多寡判断时代的文明水平，但是他们可能不会相信一个教育繁荣的时代会出现社会性的平庸。

任何花言巧语、粉饰伪装，在未来，都会被识破。未来的教育史家不仅会对当今教育做出客观评价，也会对一个时代教育工作者的诚信做出公正判断，到那时，留下的不仅仅是可悲，也有可笑与可怜。我们这几代教师，要清醒地认识自己的教育使命，经常地思考教育和人的生命价值，这对我们的教育教学也许能有些启示。

毕竟，“活着”与“生活”，有很大的不同。

没有好奇心就难有新世界

和高中学生交流，有时不免失望。一名十六七岁的学生，为什么会目光呆滞，对人间、对自然、对世界毫无兴趣？已经读到高中，为什么从不关注那些美好及富有智慧的事物？为什么总是把“没意思”挂在嘴边？我常惊讶于他们刻苦隐忍而缺乏激情，更惊讶于他们善于考试而不能领略学科趣味。把目光从校园转向社会：很多人见识浅陋，即使上过大学，仍然不能解释身边的物理知识和化学现象；一些人感冒发烧，甚至会认为自己快死了；还有一些学自然科学的中年人竟陷入各种迷信骗局不能自拔……这都和他们的“不思考”有极大关系。这种思维能力的缺失，往往在童年就开始了。

回望童年，每个人多多少少都会有自己的独特记忆。当人睁大眼睛看世界时，有的一定是“好奇”。大地上，自然在亲近我们：树的根为什么能延伸到很远的地方？为什么不同的树会长出不同的叶子？为什么春夏秋冬有那么多不同，而每个季节都有令人惊奇的气候现象？我的童年活动范围不大，但土地和天空给了我无数的惊奇：地面上有那么多种小虫，它们竟然知道自己要去做什么；天上飘浮的云朵，一会儿变成奔腾的马，一会儿变成群山，一会儿又变成一艘船……

我在童年对机械物件特别感兴趣，我会拆开一探究竟，看看和自己想象的是不是一个样。但不是什么机械都能随便拆卸的，于是我便推想机械运行的奥秘，比如，缝纫机究竟是怎样工作的，“千斤顶”靠什么顶起重物，工厂车间高大的行车如何操纵，铁路的道岔如何“扳”，蒸汽机车如何控制速度，轮船的舵为什么能调整航向，等等。靠观察和推想，有的能想象出，有的则要查找书籍，而更多的，要期待遥远的未来，找机会去接触。60年过去了，我至今仍然对各种机械和工具着迷，一旦了解了真相和原理，满足了多年以前的好奇心，恍然大悟后，不能不对人类的智慧发明击节称赞。

有好奇心才能发现新世界，有好奇心才有可能成为富有趣味的人，从而有能力去创造新世界。几乎每个儿童都有过好奇心，有些人的好奇心能长久保持，有些人则在上学不久就丧失了。无知和功利的环境败坏了学习的品质与趣味，儿童在学习起始阶段，就被过多的规训束缚。学校教育不能没有规训，但规训过多，必然阻滞自由思想；与此同时，过重的学业负担也让儿童无暇睁大眼睛去看世界。好奇心被遏制，想象力也就被限制，学习有可能变得枯燥，思维变得刻板、过早僵化，对世界和未来不敢憧憬，只有恐惧和漠然。爱因斯坦曾高度肯定好奇心的生命价值，称之为“神圣的好奇心”，而对抹杀儿童好奇心的教学，他甚至诅咒似的认为，丧失了好奇心便如同行尸走肉。——这样的宣泄很可能出于他对童年所受教育的不满。

教师要珍视学生的好奇心，以之为生命的礼物。作为启蒙者的教师必须是心灵健康的人，对人的成长有高于一般人的认识。遗憾的是，目前很多教师仍然缺乏这方面的经验。在生命历程中，观察、发现、惊奇、怀疑、思考、智慧、崇高、复杂、简约、常识……多少词汇跟随着好奇心而出现，世界就这样在人的面前展示它的辽阔壮美，人也就在这样的世界中感受到自然的伟大与生命的庄严。

一个时代或某个领域出现重大失误，往往因为主导势力忽视常识或是反常识。教育界至今仍有许多人把好奇心当作“低层次的心理状态”，这就给基础教育、给学校和课堂、给学生的学习造成了困境。这些依靠“刻苦奋斗”而获得权力、获得地位的人，依靠他们的平庸，固守着赖以生存的文化观念，即便常识也无法引导他们走出蒙昧。如果他们认为好奇心只是庸俗心理，那很可能是他们的生活缺少积极的精神追求；如果他们认为好奇心会妨碍学业，那只能说明他们的教学观标明了功利。成人的好奇心不等同于儿童的好奇心。对一个睁大眼睛观察世界的儿童来说，生活中的许多普通事物，都有可能引发他的好奇心，这种好奇心远比突发的、有强烈刺激的事物（地震、火灾、车祸、游行、邻里纠纷、飞短流长等）更有价值。

从童年开始，有哪些事物让我好奇并长期保持兴趣？

我们手上捧着的书是怎样印制出来的？50年后，我对激光照排仍然感到神奇。我写的第一本书是铅排的，现在全都用激光照排了。我们这代人亲历了印刷技术的革命，此前一千年沿用的基本仍是中国人发明的活字印刷术。

邮局。太神奇了：亲戚的信竟然两天时间就到了我们家，这中间哪些人的手接触过这封信？“收件”“分拣”“邮路”“投递”，这些词进入我的认知。直到老年，我仍然在想象古代驿站的组织和运作，虽然我至今没有看过有关的史料与描述。

潜艇。我曾对潜艇的潜航着迷，但始终不敢相信，如今潜艇的自重能达到万吨级，能环球航行。我小时候看到的那些潜艇，除了个别被博物馆收藏外，其余统统被淘汰了。

手术室的无影灯原理。我在十几岁时好不容易找到示意图，原来不可能做到“无影”，只是优化的设计利用光源消除了手术台中心位置的影子。我到中年以后知道了比“无影灯”更复杂、更先进的“微创”“导管”等技术，新型仪器让医术更加精湛，极大地减轻了病患的痛苦。

向日葵。我曾亲眼观察到向日葵的确在一天内转了半圈。小学时我曾设想用替代的强光试验它能否“向光”，后来得知早就有科学家做过相关的试验。我成年后得知，科学家对向日葵“向日”的原因仍然说法不一。

砍去的树枝长出新枝，而且更加茂盛。我到50岁时才明白，适当砍伐能保持林木的材质。

风力发电。小时候得知风力可以发电，心向往之，那样可以省下多少煤呀！当年煤炭供应太紧张了，城市不得不“分区停电”。60岁那年我到西北去，看到成片的风力发电机，场面很震撼。我以为那是最清洁的能源，同行的一位工程专家却说，未必，得不偿失，制造风力发电机先得耗费大量水泥和钢材，已经制造了工业污染。看了那巨大的机塔和叶片，我不得不承认他的话有一定的道理。世上没有一劳永逸的事，人类在无休止地探索。

很多疑惑充满头脑，逼使我一直在思考。很多人有过和我一样的童年，他们也像我一样对世界充满好奇心，我们因此有过带着梦想的童年。可以说，童年遐想的很多问题，让我的生活变得充实，一直跟随我到了今天；而“世界”也在变，我明白，这是因为天下有无数的人一直在不停地“想”。

然而，我像是不太了解现在的学生了。为什么除了教辅和考试，他们就不能抽空多向世界看几眼？“到处都是建筑工地，都在建造高楼，那么周围高大的塔式起重机是如何上升的？”我问学生。“这个问题重要吗？”“考试会考到吗？”学生不认为需要了解。如果我是物理教师，我就主张考，考他们的思维推想能力。怎么能说不重要呢？中国是世界上生产塔机最多的国家，也是使用塔机最多的国家，在城市几乎随处可见。虽然学生以后未必会去操作塔机，也不一定去制造塔机，可是如果他们善于学习并能举一反三，就会认为有必要关注。

20世纪70年代，中学课程有“学工”“学农”，让学生用大量的时间深入工厂和农村，了解工农业生产知识，参加劳动，“改造思想”，现在看来，没有必要那样走极端。但如果让学生认为“工业”“农业”与他们完全无关，则会影响到他们在未来的生存能力，因为他们汲取智慧的渠道变狭窄了。今天的社会，很多人迫于生计，在从事他们并不热爱的职业。工作虽能给他们带去不菲的收入，却再也不会给他们任何惊喜，这是对生命的浪费。所谓的职业倦怠，与人在受教育过程中过早丧失好奇心有一定的关系。

教师把学生（特别是小学生）“好奇心太强”当作“存在问题”，非常荒谬。中小学教育中“专心致志”的规训，值得依照常识去诠释一番：“专心”与“好奇心”是不是一定矛盾？没有“好奇心”，如何“专心致志”？很多儿童如果没有“好奇心”，连学校的大门也不想进呢！看一些小学识字教学的介绍，发现教师能用无数有趣的办法引导学生识字，很受启发。唤起学生的好奇心和求知欲，应当是教师的基本职业素养。有些教师担心学生不“专”，担心好奇心会造成学生知识芜杂——他们可能只看到“杂”对学科考试存在不利，而未必看到“杂”能发展为教育所期望的“博”，更未必能发现在好奇心的驱动下，学生会逐渐形成一套观察、质疑、探究的思维方法，并以之为创新的精神基础。

“好奇”的过程越长，思维的发展根基越扎实。人总希望变得聪明一些，希望发现新世界，也希望世界能变新。随着阅历的丰富，他不断地获得新的经验，便更加认为世界、人间和生活的一切都富有学习价值，认识到人可以这样享受生命的过程。

“风声雨声读书声，声声入耳；家事国事天下事，事事关心”所表达的，正是一种高尚的好奇心。中国有智慧的先贤，以这样的箴言为生存信条。几百年后，人们回望历史，会发现，这些先贤是那个时代最富有远见的人，他们的思想体现的是时代精神。

儿童的好奇心何以丧失

儿童的好奇心有不同的表现形式，同时也是游移的。比如“因为不懂而猜测”：儿童拆解器物，是想知道里面是什么，想知道电筒为什么会亮、钟的指针为什么会走、收音机为什么会响。他的拆卸不考虑“后果”，也不在意“损失”，此时他如果受到盲目的鼓励，就会一直拆，不求甚解，直至变为简单的破坏。这种好奇心仅仅是本能，未必能发展为智慧。儿童体验新的事物，未必都有“冒险”意识，因为他根本不知道这样的行为可能存在危险。

儿童亲近自然、接触社会，获得的知识是直观的，远超课堂和阅读。此时需要因势利导的教育，需要有智慧的教师去开启思考、发现之门。不让儿童“经历”，不让他接触自然，他的感官就难以充分发展。看，听，嗅，触摸，然后记忆，联想，推测，从这些体验中获得的愉悦将使他没齿不忘，终身受益，而在这一过程中获得的教训、形成的思想和经验，也将使他铭记终生。

20世纪80年代起，电视机进入中国家庭，大批儿童通过电视获取的知识（比如对动物、交通工具等的认知）迅速地超过前几代人。这也启示我们：培养儿童对外部世界、对自然的认识，存在很多机会，有大量的事情可做。时下因为落后的教育观，因为“生意经”，出于攀比心理，把儿童圈进名目繁多、以“训练”为主的“特长班”，不利于儿童思维的自然发展。特别是让儿童过多地待在室内、过多地利用电子产品学习，效果不一定好，对感官感知的发展不一定有利。任何一种违背自然规律、片面鼓吹“从娃娃抓起”的教育，都有可能造成对童年认知的阻滞甚至伤害。

儿童亲近自然，在阳光下玩耍，看到田野上发生的事，看到人间的平凡生活，看到人们不同的劳动方式，会产生“兴趣”，与此同时，“学习”“比较”“发现”“记忆”等出现了。我清楚地记得第一次看到牛吃草，第一次看到伐木，第一次看到高炉出铁水，第一次看到工匠制陶器的情形，惊奇，意外，叹息，失望，敬佩，感慨，等等，形成了“过程”和“感受”。我至今记得马掌匠制作并给马上铁蹄的完整步骤，因为我入迷地看了一个多钟头。我到成年后仍然对铁匠的炉火与工具着迷，我耳边仍然响着铁砧上有节奏的锤击声……获得知识、记忆的同时，也培育了对劳动者的情感。当我也成为一名劳动者后，我从没鄙薄过自己的工作，因为我童年时代见到的所有劳动姿态，都是美丽的、辛劳的、有意义的。

那些富有好奇心的儿童上学之后，为什么原本正常的思维会出现停滞，对新事物不再有兴趣？我思考了很久，仍然无法理解。原因不能一概而论。有些可能是遭受了沉重学习负担的压迫，有些可能是遭遇了师长的冷漠，情感发生了变化，有些绝对是被强行灌输了错误教育。错误的知识、错误的观念、错误的教法，当然还有错误的学校、错误的教师——只要观察小学生的一天，我们就不难发现许多“反教育”行为的存在。在学校和家庭中，教师和家长喜欢表扬“听话的孩子”，表扬“刻苦的孩子”，表扬“积极向上的孩子”，结果很多儿童被现行教育教“乖”了；被驯化了，“灵性”也就荡然无存。这类观念顽固不化，困扰教育界多年，成为“规矩”，成为风习，积重难返。

比如，多年以来，儿童经常被教育“不要和陌生人说话”，这样，他与外界接触的大部分渠道就被切断了。没有了“世界”，剩下的是亲友、老师选择好的“安全地区”，他只能接触亲友老师认可范围内的人，而这些人的思维和习惯很可能是“一模一样的”，他们思维趋同，生活方式接近，形成“圈子”。小孩子从小就莫名其妙地被灌输“外面坏人多”，大批他能交流学习的人被毫无道理地摒除了；他误以为世界邪恶、黑暗、恐怖，即使有想象，也是有限的、阴暗的。恐惧变多了，好奇心自然丧失，进而走向庸俗。

儿童出于本能的好奇心去接触外部世界，试图做某些尝试以丰富自己的生活，获得满足；他的“窗口”是自然形成的，在努力的过程中，他能得到鼓励，外部信息会对他的思维形成激励，新奇的事物会刺激他、影响他，推动他的思维发展。他本身并未感到恐惧，可在受到成人的警告和恐吓后，会本能地关闭窗口。而到了一定的年段，想要再度开启这些窗口，就变得很困难。童年形成的恐惧感很难消失，固化的思维令其不知变通。在中学、在大学、在社会，谈到帮助一名青少年，常听闻一句“做了大量耐心细致的思想工作”。为什么不是“心有灵犀一点通”？为什么会有对别人“做了大量耐心细致的思想工作”这样的现象？这些“思想工作”的“耐心细致”是否正确？而面对“大量耐心细致的思想工作”仍然无动于衷的人，是以什么心理在抵抗？当他在童年睁大眼睛看世界时，究竟是谁恐吓并改造了他？如此等等。有些教育现象虽然司空见惯，然细究缘由，则疑窦重重，预想其发展，令人不寒而栗。

儿童在平和友爱的环境中认识世界，世界的辽阔孕育梦想，推进他的思想发育，他的想象可以无边无际，他能飞翔，到能想到的任何地方去。如果过早地把儿童引入“竞争”，教唆他“出人头地”，给他灌输“成功”“成才”的意识，引导他“出类拔萃”，只争第一，不当第二，渲染“落后就要挨打”，让他睁开眼睛不再对世界充满好奇和惊喜，只有担心落后的恐惧，教育就不再是一件生命礼物，而成为人生苦难。中国人把读书学习当作苦事，悬梁刺股，囊萤映雪，甚至不惜隔绝亲情，从小就被教育得心无旁骛，还有什么空间去接触世界？逐利，是对好奇心的杀害。

爱因斯坦在《论教育》一文中指出："做同样的工作，它的出发点，可以是恐怖和强制，可以是追求威信和荣誉的好胜心，也可以是对于对象的诚挚的兴趣和追求真理与理解的愿望，因而也可以是每个健康儿童都具有的天赋的好奇心，只不过这种好奇心往往很早就衰退了。"

在70岁时，回望我的7岁，思考什么是"老年"。老年，就是沿着童年、少年时的轨道滑行过来的影子，只是速度慢多了，所有的长处都是童年趣味发展而成的，而童年时的不良习惯也会被放大五倍、十倍。

为什么要在童年发展想象力

一个不善于学习、垂垂老矣的人，若想产生想象力，比登天难：他脑袋里塞满了根深蒂固的旧事物、旧观念，日积月累、陈陈相因，毁不了，移不走，任何新生知识和观念都挤不进去，即使强行灌输，也生不了根，发不了芽。儿童则完全不同：他的心灵是一张白纸，面前放着的也是一张白纸，他可以任意涂、任意画，他可以尝试，他可以改变，他可以随时丢弃而不用担心一无所有，这是个充满雨露阳光的自由生长时期，“什么种子都想要发芽”，而且“一切都可以重来”。

因为自由，儿童没有恐惧，没有思想羁绊，没有精神束缚，他不惮被耻笑，不担心犯“思想错误”，因而他的思维没有边界。他会有一般的联想，也会有简单的推想能力，他会“不留神”说出有道理、有逻辑的语句；他的观察也许没有明确目的，仅仅想满足一下无休止的好奇心，而世界在他的眼前逐渐变得辽阔、无边无际。

不要嘲笑儿童的幼稚，人生最有价值的状态正是拥有自由的童心。奇思妙想在开始时往往被认为是胡思乱想，儿童根本不担心说出真相的后果。他不懂什么“自古以来”，他不受“传统”的压迫，也就没有因袭的负担，也就不用担心“逾越”和“叛逆”。而随着他逐渐长大，接受了来自社会、学校和家庭的规训，开始为自己的自由想象与言说付出代价，开始“吃亏”后，就很难无视并避开环境的限制，他的思维便会出现无形的框。面对同样的事物，成年人未免瞻前顾后，不置可否，因为他有利益的考量，儿童则无所顾忌，自由言说；成年人不敢想的事，儿童不但敢想而且敢于去做，不怕失败。如果不在童年保护并培育一个人的想象力，教育似乎也没有什么可做的事了。

人敢于想象尚未出现的事物，大概可以归结于对现状的“不满足”。他依据已有的知识和生存经验，推想事物发展的各种可能，并对可能的状态做出比较细致的形象描述，一旦有机会，便尝试改变和创造，不惧失败，这才有了一系列改变世界的发明创造和进步观念。如果没有这样的能力和实践，人类社会根本不可能发展到今天。20世纪末，人们回顾百年，连科学界都有人感慨，没料到20世纪人类竟能有那么大的进步，这正是“想象力”的伟大。——人类的知识有限，但人的想象力没有边界。再过80年，等到21世纪结束时，谁知道世界又将有什么样的辉煌！这，就不能不寄希望于现今的儿童了。只要他们敢想，人类照样能有令人惊叹的进步。

重视儿童想象力的培养，尊重他们自由思想的权利，关系到人的一生。童年，是精神播种期，在这一时期不重视培育想象力，长成之后未免“先天不足”，很麻烦。这也是中小学教育必须培育学生自由思想的原因。儿童的想象力起于观察、交流和阅读。文字表达的形象、图画展示的情境、戏剧或故事的演绎过程，等等，对培育儿童的想象力至关重要。儿童一般能直言内心所想，在得到鼓励时更不会担心说错，在交流活动中会逐渐意识到“多种多样”“意料之外”带来的启示。文字表达的形象与想象不同、图画展示的情境出现了不同的解说、戏剧故事的结局留下了一些空白、问题的答案竟然出乎意料……凡此种种，激发了儿童的想象，令他产生“参与”的愿望，跃跃欲试。他在阅读时可能“带入”自己，可能会在绘画时把自己画上去，也可能在戏剧中根据自己的理解“进入角色”。观摩小学的“教育戏剧”，我发现学生在没有剧本的情况下，根据教师的启发，按自己对情境的理解而“演”，恰恰是基于自由想象的自主学习。在这种学习状态下，他们可能会有超出教科书要求的个人体验。

不能低估儿童的想象力！有经验的教师比一般人更了解儿童的超凡脱俗。如果儿童读一篇《冬天来到了南京》，他有可能会想：这个地方的春天将是什么样的？它的秋天又会有什么样的一番景物？中国其他地方——城市和乡村、平原和群山，那里的四季又会是什么样的？一个人心怀对自然的情感、对土地的热爱，会发现每个季节都有不同的美好。有了一定的阅读经验，儿童的想象力会进一步发展。比如，照片上的这个人在笑，她后来怎么样了？她老了吗？她会老吗？这名在绝地跋涉的年轻士兵经历了绝望吗？后来他活着回到故乡了吗？……富有想象力的学生，他的精神世界比一般人辽阔，他对抗困境、克服困难的能力也会比较强。

在儿童接触世界并开始无尽的想象时，要尽可能地肯定他的想象的合理性，师长每说出一个“不行”或“错了”，都有可能堵塞自由思想，让他误认为每个问题必须有“答案”，“答案”必须准确无误、尽善尽美、无懈可击，于是他会认为个人见解无足轻重。儿童从小学就听成人讲“统一思想”，知道有“标准答案”，知道“胡思乱想”会遭到嘲笑，便会认为自己的想象没有价值，那他有什么必要自由地想象和言说呢？不如等待教师提供的“精准答案”吧。会有一天，豁然开朗的人们终于明白问题的答案可能不止一个，故事的发展可能有无数种结局，自然界的万紫千红奥妙无穷，人世间有着不可思议的新奇等待我们思考……这时，从小学开始被灌输的“标准答案”就显出了无比的荒谬，阻滞人想象的，正是自童年起那些没有必要的规训和无处不在的自满。

习惯的养成

学生行为习惯和思维方法的差异，和早期教育有关。每次接高一新班，我都会观察到学生之间的一些差异。此后高中三年，这些差异会随着学习进程有些变化，但并不显著，我因此担忧：才18岁的人，就“定型”了？因此想到早期教育的重要。九年义务教育阶段应当做的事很多，高中阶段仍能做一些努力，学生成年后，有相对稳定的思维和行为习惯，若非突遇重大的人生转折，可能不会有太大的改变。我在高中教学中经常思考这一问题。学生的考分只能做参考，我比较在意他们的学习习惯和思考方式，特别是他们的习惯有没有影响他们与外部世界的接触和认知。学生来自不同的学校，接受不同的家庭的教育，这些，都可能对他们有影响。

培养良好习惯要有正确的价值追求

学生的习惯，如果在离开学校后就逐渐消失，则不成其为“习惯”，以应试为目的培养出的“习惯”，在考试结束之后就会弱化、消失，偶有遗留，也只会是急功近利之心。学校和家庭为对付考试而诱导、训练出的“习惯”，只能算是一种“应急反应”；“信号”一消失，这种反应能力也就退化、消失。

非功利的教育教学，能比较清晰地对学生的行为习惯做出客观判断。学生接受同样的教育，为什么会出现那么大的差异？在课堂教学中，教师会发现：有的学生关注、积极思考，有的学生漠然、毫无反应；同样的一份作业，有学生能饶有兴趣地完成，也有学生视如受苦受罪；有的学生对事物始终有好奇心，能思考一些大问题，也有学生才十五六岁，已奉行“无利不往”。我观察评价学生的一个重要指标，是学生见到美好事物时会有什么样的反应。这中间因情感、态度、价值观而产生的差异，值得教师关注。

如果没有价值观教育，如果没有必需的审美教育，学生对生活、对社会的认识可能会停留在比较肤浅的层面。面对人间万象，他们可能比较漠然，也就不太可能有情感、态度的积极表达。如果学生心存“热爱”，就有可能以积极的姿态参与教育活动。“热爱”并非天赋异禀。一个人在童年和少年时代，心灵中曾播下真善美的种子，在适当的时节，美好的情感就可能萌生。教育者有正确的价值观指导，在教育教学中培养学生去“热爱”，教育的价值会一步一步地体现出来。

学生能自觉追求真诚美好的事物，内心充实，常能为美好的事物而感动，有博大的襟抱，就会生出与之相配的习惯。有位母亲回忆儿子的成长时说，让她引以为豪的是儿子成年后“无论走到哪儿，都是受大家欢迎的人”：团队遇到困难，同事有了苦恼，首先想到的是找他，而他也从这样的信任中感受到友情和温暖，内心总是很愉快。他从小就养成了为他人着想的习惯，上中学时去露营，帐篷比较挤，他就睡到外面，被蚊子咬了很多疙瘩，但他说：“一个人睡不好，总比大家都睡不好强。”母亲鼓励他说：“你能这样想，我就放心了。”我也关注并喜欢这样的学生。能为别人着想的学生，心境辽阔，没有什么困难能难倒他，在青少年时代心里就装着他人，他的心里就有整个世界，他在“付出”的同时也能获得更多的学习机会，因而能力强，性格开朗，精神明亮，时时刻刻都有幸福感。真正的社会中坚，往往就是这样长成的。

面对学生，我常想，在未来，他们是这个社会的劳动者，他们未来要成为父亲母亲，他们有属于个人的生活，他们要生活在我们梦想的美好时代，要面对我们未曾经历过的考验；我们这代教师，要以最好的教育培养他们适应社会、勇于创造的品质。由于我们的知识和能力有限，我们只能依据恒久的常识和真理培育他们的习惯。如果教育者缺乏理想，价值追求功利低俗，受教育者在精神上也就会猥琐不堪。

“培养习惯”是教育的任务

教育要为人的未来着想，笼统地谈“培养好习惯”，而不关注人的命运、人的生存价值，那样的“培养”有可能陷入功利的泥淖。哪些习惯会对人的一生起作用，哪些习惯符合社会的文明与进步，教师应当关注学生哪些行为特征，“好习惯”如何出现、如何发展，这些，都取决于教师的专业素养。

我观察到的都是平凡的小事。

做事有计划，想清楚再做，总是清楚自己下一步要做什么。

上课发言前能迅速拟出简要提纲，交流时注意记录不同见解。

生活有规律，按部就班，能从容应对意外事件。

零碎时间不浪费，有统筹意识。

守信用，遵守约定，从不迟到。

记忆力强，不完全靠天赋，善于使用记事本，有随手记录思考碎片的习惯。

东西摆放有规律，使用草稿纸也整整齐齐。

尊重他人，有倾听意识。

说话和写作，有听众和读者意识，能考虑对方的接受程度。

遇事做决定之前能三思，尽可能周密地考虑细节，预见各种可能的突发状态。

遵守公共规则，在有可能发生危险和伤害的地方小心谨慎。

不做可能危害他人的事。

对妨碍他人的行为表现出不满，对破坏规则的行为不宽容。

…………

这些好像有些微不足道，但由此而形成的习惯将使人终身受益。比如，不随便扔掉自己写的东西。“扔”或“不扔”，对学生而言，是个问题。我注意到有些学生会把以前的作文扔了，他们认为这不过是一些作业，而且得分不高，没有“价值”；但也有学生会保存，他们认为这不仅仅是“作业”，更是自己的一段心灵活动，保存下来，在以后的年代能形成“比较”，能看到自己幼稚的当年和纯洁的心，并为年少时的情感思想而感动。不止一次听到学生说起保存了20多年的作文，教育，对他们而言，是幸福记忆，是享受。

一个人在儿童时代如果缺乏有理智的教育，争强好胜，长成后一般会性格急躁，缺乏合作精神。有个高一新生比较张扬，开学不到一个月就引得全班侧目，教师也感到麻烦。他没有一节课不弄出动静，或是嘲笑同学，或是不顾教学秩序与教师纠缠。老师们了解到，这个学生从小就养成了目中无人的坏习惯，认为这就是“霸气”。一年之后，他在这个班感受到了孤立，才慢慢懂得要守规矩，才知道要尊重他人，但是他已付出了沉重的代价。这类教训，学校里有不少。教师要有“未来”意识，不能让学生在学校养成不良习惯并将其带进社会。教师的教学应当与人为善，然而我常看到一些教师不讲规则，姑息学生的坏习惯，或是推卸教育责任，把学生破坏班级规则和学习纪律说成是社会问题，这样的“教育”，非常庸俗。

教师要有“培”的能力

“习惯”的培养不一定非得和学科学习挂钩，对社会规则的认识，对情感、态度、价值观的培育，贯穿在所有的教育活动中，最终形成

“教养”。比如，“深思熟虑”“言行得体”，并非一个学科的教学就能培养起来的。不能指望所有的教师都有能力贯彻同一标准，但每位教师都应当有这样的责任意识。

教师的教学过程，也在展示着个人的价值取向和思维特点。学生在一个优秀的教学群体中，能发现老师的“不同”，他从这些不同中受到“影响”，开始个人的尝试体验，不管是自觉的还是不自觉的。学生在学，教师在教，教必得法。教师在“教”中会有所发现。我是在一轮教学结束后才发现：不宜轻易表扬初中学生“果断”。——他们不过是少年，面对一项工作任务，他们也许看出了老师的期待，便“一口答应”，可是这未必是好习惯：为什么不经思考急于表态呢？这件事会不会超出他们的实际能力呢？观察那些轻诺寡信的学生，会发现不是他们不想守信用，而是他们没有实力，却经常在公开的环境中被教师逼着表态。那种从小被“表决心”、被诱惑写“保证书”的学生，一旦发现这不过是和成人的一场游戏，就有可能放弃判断，在今后的生活中就有可能学得玩世不恭，或者不负责任。所以，我后来会对学生说“你可以先考虑一下，明天再告诉我”。

培育学生的好习惯，教师要有“培”的能力，也要有反思意识。如，“今日事今日毕”固然是好习惯，但如果教师给学生的作业负担太重，超出学生的接受能力（这在当今很普遍），学生就得付出巨大代价，减少睡眠时间，熬夜，放弃个人爱好。教师教导学生“量力而行”，那为什么不“因材施教”，而是逼使学生做过量作业，做不完就批评？应当考虑学生的能力。又如，考虑到学生的未来，我们没有必要鼓励“拼命”“拼搏”“敢硬碰硬”，而要启发学生有节奏地工作，智慧地生存。要了解学生，熟悉学生的特点，因材施教。孔子的“求也退，故进之；由也兼人，故退之”，也就是这个意思。

“培”的方法有很多，鼓励、暗示、表扬、规训……更重要的，是师长的以身作则。更有效的学校教育也许在于学生的耳濡目染。学生到办公室玩，得到允许，翻看我的杂记本，问：“老师抄这些书有什么用？”我说：“不知道。也许这本书以后再也见不着了，能记多少是多少。”“可是，有些不是书上的内容呀？”“那是我在读书时突然想到的事，顺手记下来的。”我查词典，学生问：“老师也要查词典吗？”我说：“经常查，因为没把握，也有些字不认识。”学生问：“这一题，老师先扣光五分，怎么又改成扣一分了？”我说：“虽然不符合答案，但你的表达有些道理。”

我的学生离开学校后，能记起的往往是这些事。

“趣味”“热爱”和“适合”

如果没有生涯规划，没有理想，没有热爱，任何一种职业都可能是无趣的。学校教育应当早一些引导学生去思考这个问题。

知晓高考分数，填报志愿时，常有考生表示不知如何选专业。听他们的述说，我感到不可思议。一些考生学习成绩不错，升学没有障碍，但对“专业”一无所知。他们根本不知道有哪些“专业”，也不了解“专业”和今后从事的“职业”有什么关系。他们不知道自己可以去学什么，当然也就不可能有“兴趣”，只能听命于父母。麻烦的是，大部分家长也并不了解“专业”。而很多中学有规定：填报志愿，教师不得发表意见，更不能越俎代庖。最后考生和家长往往在七嘴八舌中“随大流”，填报名校，于是形成“只识大门，误入专业”的怪现象。有调查显示，超半数的大学生入学前并不了解所选专业及课程，入学后也并不喜爱所学专业，乃至有退学重考的怪事。

学生上高三了，教师如果问“以后想干什么”“考什么专业”，多数学生的回答是“我家人还没想过这个问题”“爸爸妈妈没对我说过”“他们意见不统一”……学生到了高三，仍然不清楚自己今后能去学什么、做什么，这就让人纳闷：为什么学生到了高三仍然没有考虑过“职业”？从小没有生涯规划，他是如何学到高三的？他有没有思考过人生？他本人有没有社会理想？

其实，对子女今后学什么，大多家长也没数。我常听家长说“考完后看他的考分再说吧”——这就是说，他们是在得知考分后，才开始考虑学校和专业的，而且他们不是在选择专业，只是在选择大学。在这里，学生即使有职业愿望，也必须服从考分；没有职业理想，也就无从谈兴趣。18岁的青年，仍然不知道自己该学点儿什么和做些什么，是不是有些可悲？没有愿景，盲目学习，即便是应试教育，也不该闹到这种境地。落后的社会价值观干扰了教育，错误的“成功学”也在影响青年的职业选择，教育，青春，就这样被“浪费”了。

之所以出现这样的状况，和违背常识、缺乏理性的应试教育有关。学生不会选专业填志愿，因为他不了解“专业”的内涵，无法判断自己的学力，也因为他没有社会理想。他在学校的学习，是为了对付考试，和“未来”的关系是：考分高，上名牌大学“热门专业”；考分低，上一般院校“热门专业”。——这个他懂，其余则不懂。“热门专业”一般指容易就业、收入高、能从事轻松而又体面的工作的专业，这个他比较清楚。至于这个专业是否适合自己，多数学生并不去想，学校也没有这方面的教育引导。坦率地说，许多教师对学生未来的发展和个人规划的认识也很浮浅，他们可能并不具备这方面的指导能力。“把学生送进大学”，学校的任务就完成了，就是“办人民满意的教育”了。多年来，很多“高考名校”就是这么干的。然而，大批不了解所选专业的学生能否在今后的学习中获得发展，能否热爱自己的职业，学校难道可以不考虑吗？

基础教育阶段要培育人生趣味。人的生活需要劳动，劳动能发展人。一个人最好的生存状态，常在于能从事热爱的职业，能从中获得职业乐趣。没有职业趣味，则很难有生活的趣味，人生就只是“活着”而非享受生活。在单纯的应试教育中，学生把全部精力用于应试，在长达12年的小学、中学阶段，不重视培育兴趣与爱好，没有真正意义上的特长，也就无从选择“喜爱的专业”。许多学生从小学起，就被家长送去上“兴趣班”“特长班”，那未必是他的个人选择，往往是家长代选；家长这样选择并非出于培育趣味，而是把“特长”看作进入名校的“敲门砖”，认为多一枚筹码，就能在“竞争”中获取优势。因为是功利的学习，学生用大量时间学习并不喜爱的“特长”，即使习得某些技能，未必能培育趣味。升学之后，那块“敲门砖”从此被搁置。最近听闻某高中入学调查的几个数据，似乎能说明一些问题：28%的学生从小学一年级起就上“兴趣班”“特长班”，68%的学生从小学起就开始“补课”（两项有交叉）。也就是说，学生进入高中之前，负担已经很重了。虽然该校高考升学率高，但校长和教师面对这些数据，不能不感到忧虑。基础教育如果不培养学生的好奇心和想象力，就无从谈求知欲，就无从谈“职业理想”，自然很难有“专业”的概念。一个人从事没有趣味的工作，把工作当成苦难去“忍受”、去“坚守”，是失败的人生。同样，从事一项并不适合他的职业，不但对他不公平，也对社会不负责。一般而言，有了“趣味”和“热爱”，才有可能“适合”。这个道理，同样值得教育工作者思考。

脱离社会生活，也是学生缺乏职业理想的原因。在应试环境下，绝大部分高中生两耳不闻窗外事，不从事家务劳动，也不接触社会，更不了解社会。城市高中有相当一部分学生上学、放学仍然需要家长接送，而大部分县一级学校是封闭式管理，培养的是“罐装学生”。绝大部分高中学生没有参观过工厂，没有近距离观察过制造业，没有接触过农业和养殖业，也不了解商业运行模式。他们虽能完成学科试卷，但对身边的科学和社会现象无法做出解释。所以，当接到高考分数通知后，他们不知道如何填报志愿，只能去听七嘴八舌的意见，于仓促间做出选择。

他们从“起跑线”一路狂奔到了所谓的终点，才发现前面或是纵横阡陌，或是汪洋大海，一下子茫然失路。他们过多地关注“赛跑”，像蛮牛一样冲撞，却不知太阳在哪里，也不知为什么要奔跑。

童年时，我的小伙伴都是普通人家的孩子，每个人都有对未来的憧憬：“我长大要做个钳工”“我以后想去航海”“我长大要到南方去种植香蕉”……总之，我们心里都曾有一粒“种子”。富有趣味的想象，支撑了我们的童年。

应试教育怎样败坏人的思维

“应试”本无过，教学有考试，很正常；把“应试”作为教育教学的主要目的，让其渗透在整个教育教学过程中，则是反常识、反教育。教育重在“育”，教学重在“学”，过程特征就是“慢”。无论如何不能以终点的状态替代过程的价值，不能剥夺学习的趣味。

学习的趣味，在于探索未知世界。在这个过程中，了解，发现，质疑，重新认识，形成思维经验，有渐进的认知过程，有自然而然的基本学习规律；而过于明确的功利目标，抹杀了学习过程的不确定性，消解了趣味，丢弃了可贵的好奇心。全力应试，是功利的学习，目标在于“得分”，无分则无味。一些学校流行的所谓“多考一分干倒千人”，逼迫学生不敢“东张西望”，不敢冒险，不敬重常识和智慧；一些学校只推崇“刻苦”，强调反复操练、死记硬背，以通过机械训练创建“记忆库”替代探寻之路，让一段本可以积累丰富经验的学习，变为想方设法地走捷径、投机取巧以对付考试。这样的“以训代学”无比乏味，而大批学生趋从同一目标，丧失学习个性，趋于同质化，成为制式机器乃至具体的部件。

应试教学强调所谓的“高效”，实则学得少，考得多。高频率的检测导致学生的学习过程被缩短，没有尝试与回旋，没有判断与聚合，来不及消化和吸收。过快的节奏不利于培育良好的思维习惯，“紧张”不利于“思考”和“发现”，学习过程的“慢慢走，欣赏啊”成为奢侈。

以语文学习为例。语文课的阅读，需要品味与探讨、感悟与升华，这个过程不可能缩短，而且因人而异，一般比较慢。慢，方能进入境界，滋养人的品质；然而应试教学不容许“慢”，要求“快速阅读”“迅速捕捉信息”“迅速把握中心”，这就有可能违反认知规律（特别在义务教育阶段，必须慎重）。如果学生在读一篇作品时首先想到的是“会考我什么”，那么，阅读已经死了。理科教学用大量练习题替代思考，试图让学生达到形成“条件反射”的程度。有学校津津乐道“做题过万道，试卷在其中”的经验，是把学生的大脑当作仓库，让他们靠强迫记忆形成的条件反射去应试。训练成了“驯化”，学生的思维没有获得发展。一些高中生在毕业时为什么会把书本撕烂抛撒或是一把火烧掉？因为他们对这些东西感到厌恶，他们不珍惜这样的经历，也不想把没有任何愉快可言的学习经历保存在记忆中。一个人将青春纠缠在试卷上，将学习视为苦难，怎么可能谈“生命的质量”？

有价值的学习，在于发展人的情感和思维品质：学习给人带来精神的愉悦，使人形成正确的学习观、保持想象力和好奇心、形成判断力、有举一反三的能力，等等。总之，在于学习能使人成为有精神追求、有智慧的人。一味强调“竞争”的学习，其“价值”就是“利”，它扭曲了价值观，败坏了思维品质，割裂了健全情感。

学生从小学起，如果他的学习只能“趋同”、不敢“求异”，他的思维就会被阻滞，开始僵化。学生每天用大量精力从事的思维活动，会影响他在未来社会的情感和态度，对一部分人而言，这种影响甚至是决定性的、持续终生的。学生从小学起，就要在应试压力下被动地“学”，学什么呢？学如何猜测，如何揣摩，如何迎合，如何保持一致，如何不背离评价者的喜好；对教师、教科书和课堂指导，逐渐学会遵从、服从、顺从，把“标准答案”“参考答案”当作不能质疑的公理，丧失了个人意志……值得注意的是，这一潜移默化的过程，最终形成人的“自觉”：“想法”没有了，个人见解没有了，“听话”了，能“跟大家一样适应社会了”，这和在学习刚开始时能问出那么多的“为什么”已截然不同。教育竟然让人丧失了思考，人也就因此沦为没有创造力的简单工具。

错误的教育在扭曲人的思考的同时，必定灌输错误的价值观。学生在受教育过程中逐渐形成的不好的心理习惯，在未来会发展为应付敷衍、明哲保身、“但求无过”。即使内心残存的常识对错误的指令会有所排斥，但是生存的欲望会使他竭力服从利益需求，苟且偷安。为能过上富裕而无情无趣的生活，一代一代用更顽固、更保守的措施来保卫平庸与安宁。

一名未成年的学生如果有正常思维、有常识，对错误的教育教学，就会有质疑、有抵触，进而或积极建言，或消极应付，还有可能与学校、与师长发生冲突，甚至与“顺应潮流”的同学格格不入。这是今世的“少年维特之烦恼”。要想在学校保持独立意志，保卫自由思想的权利，对未成年学生而言，太难了，即使他辍学去寻找自由的学习，社会大环境也不太可能让他成为比尔·盖茨或扎克伯格。学校离不开大地，应试教育不过是在社会文化土壤上疯长的花草。发展的社会需要自由思想和独立精神，离开学校，真正的考试才开始，人们才会重新认识应试教育的实际价值。很多人要到中年后才会反思基础教育阶段遭受的损失，而更多的人依旧浑浑噩噩，因为他们过早地丧失了思考、判断和选择的能力。

爱阅读的家长是孩子的榜样

少年时听闻各种家训故事，有些值得怀疑，如，背不出书要打手心，手心打肿了，吃饭时捧不住饭碗；贪玩要罚跪，跪着读书直到掌灯，最后站也站不起来。师长如何如何警惕孩童顽劣，教育如何如何严苛，这样的事听多了，也就不信：对不感兴趣的事，刻苦也没什么用，哪个孩子不会敷衍？各种利诱法，如“读读读，书中自有黄金屋；读读读，书中自有千钟粟”也很可疑，“黄金屋”简直像是诱人赌博，“千钟粟”或许只能养饭桶。真正的读书世家，哪里是靠板子打出来、哄骗出来的？宋濂说“以中有足乐者，不知口体之奉不如人也”，读书求知，就在于其中的那个“乐”。

现时一些中小学校开展“阅读推广活动”，常常热火朝天造气氛，却没什么实效。教育学生读书是学校的正事，弄到要“强调阅读”“狠抓阅读”，要搞“阅读节”，不太正常。阅读是学生每天主要的生活内容，课内能正常读书，课外能自由阅读，有所积累，成为常态，形成风气，才是正途。儿童、少年缺乏或丧失阅读兴趣，责任当然在教师和家长。教师自身阅读意识如何，是不是一个读书人，对学生影响很大。这个问题，教育界已经开始重视了，在此不论。现在要注意的是家长有没有阅读习惯，对阅读是否有正确认识，家中有没有可读的书。我仍然相信“家庭养成”。一般而言，孩子接受了什么样的家庭教育，就会有什么样的学习习惯。我有过一些学生，他们虽出身农家，家中清贫无书，可是家长有敬重读书的态度，有学习的愿望。在这样的家庭环境中，这些学生仍然利用一切可能寻找阅读资源，成为学养很高的人。

二三十年前，一些城市家庭出于“文科危险”的社会原因，也出于无知，受“重理轻文”陈腐观念的影响，干扰子女的阅读。不少家长把“阅读”误解为文科的学习任务，不但反对子女阅读文学作品，而且反对一切课外阅读。此后应试教育盛行，过于功利的唯分数至上的学习观严重干扰教育，发展到家长反对子女阅读任何与考试无关的“课外书”。久而久之，物极必反，于是学校不得不搞“读书节”了。

家长有什么样的文化教养，对阅读也就会有什么样的态度。我当教师多年，见过各种不读书、不学习却自以为是的家长，有些相当庸俗，你无法相信他们曾受过教育，拿过文凭。他们或喝酒成瘾或打牌成瘾，终日无所事事，和教师谈话时也心不在焉地玩手机。这样的家长，无论怎样逼孩子读书，也不会有用。更有些家长，虽然文化水平不高，没读过什么书，却照样获得“黄金屋”“千钟粟”，这简直成了“读书无用论”的样板了。现今社会，确有些文化素养不高的人以我们不了解的方式获取了巨额财富及社会地位，这对学校教育是一种干扰，也给他们的子女以错误的启示，即，不读书也能获得一切，过上体面生活。

回忆20世纪80年代，绝大多数家庭没有电话，班主任每学期的家访，常常得碰运气。我不止一次遇上这样的情景：门开了，在那旧式蜗居里，孩子正占着写字台做作业；小客厅里，父母合用一张小桌，也在看书；全家看到老师来访，喜不自禁。每想起那些温暖的场景，我总感到教育的美好。当年那些受父母影响的学生，现在也做家长了，我听他们说起星期天带孩子去图书馆、逛书店、去博物馆、看画展，我就觉得，这种爱阅读、爱学习的习惯未必是我教的，是“家风”使然。每见到家长埋怨子女不爱学习，不爱阅读，我便会询问他们个人的阅读情况，因为我觉得无论学校如何重视教育，不如家里有个现成的“样子”。——家长是个读书人，家庭有书香，有文化格调，境界不一般，即便没有锦衣玉食，没有宣讲励志，子女也知道自己应当去追求什么。家长自己为什么不做个读书人呢？不要总是推托工作忙，不要总是说家务重，一个爱读书的人根本不会给自己的懈怠找理由；也不要装，现在的孩子见多识广，你骗不了他。你把他送到“课外阅读兴趣班”，自己却坐在马路牙子上玩手机，蠢不蠢？

友人家中有书盈屋，并源源不断地买新书，他的孩子从小学起，一有闲暇，便在他的屋里乱翻书，见什么看什么。翻到有趣的，便废寝忘食，逐渐地也有所积累，敢和他坐而论道了。有了好习惯，读书有了高度，有了境界，眼睛就不再紧盯考试成绩，对付小学、中学的那点儿学习内容，往往也就能游刃有余。我每遇上读书多的学生，总会想象他有一个什么样的家庭。

让“人民”了解什么是“教育”

有位校长谈学校工作的难处，说比开饭店难多了。一般人是不会这样打比方的，大概校长不得不经常在饭店送往迎来，体会特别深。我的理解是：顾客在饭店没吃好，下次换一家就行了；受教育则只有这一次，所以不能选错。校长苦笑，说他说的不是这个。饭店做生意，可以迎合客人的口味，而学校办教育，却不能迎合学生；饭店菜肴口味不合，人们可以不来，而教育必须按常识和规律办事，怎么可能一味地让“人民”满意？

看媒体的报道，虽然不再有旧式新闻体那种“广大人民群众高兴地说”，但是教育新闻说到满意不满意的“人民”，一般却不是指教师和学生，而是指“群众”——更直接一些，是指“家长”。

学校和家长的纠葛，总是理不清。

“择校”的麻烦，还会延续好多年。有些家长为了子女择校，经常望门投止，不惜代价，找人托人，乃至丧失尊严，违反法纪，搞钱权交易。一旦择校成功，学生注册了，一些家长就会立即提出各种要求，因为他们认为付了代价吃了亏。20世纪90年代初，某些学校悄悄做择校的尝试，曾有家长交了择校费，在孩子注册后便写信举报学校，学校只能退钱而不能退人。家长则无所畏惧，因为学校不能也不敢对他的孩子另眼相看。后来有政策允许择校，家长则不惜以高价竞争，一旦成功，依然揭发，找媒体来纠缠学校，退回超出部分。一些学校收择校生得不偿失，但为了生存，为了争取社会资源，不得已只能随大流。我多次听到一些校长要求政府下狠手全面禁止择校，乐得轻松自在，省得每到招生季节就要像逃犯似的东躲西藏。另有一些校长借招生收受钱物的丑闻，多是家长“不经意”在外面透露的。那么隐秘的幕后交易，家长不透露谁会知道?

“人民”为了“满意”，无孔不入，对待班主任或任课教师，也是如此。家长宴请，老师不愿去，家长便埋怨老师“架子大”。家长坚持请，称如果不去会伤感情，或称“校长都没拒绝”，老师只好去了。吃了饭，家长送礼，每人一份，“一点儿小意思”，不收不行，老师勉强收下，未必很在意。可没想到过了十多年，家长竟然不停地说“孩子读书那几年一直给老师送礼、请吃饭”。

有老师说，几年班主任当下来，经常生闷气。对学校的教育措施，有些家长永远不理解、不谅解。学校没有校服时，家长埋怨“学校档次差，连个校服也没有”；学校为学生定制校服了，家长又嫌弃说“学校档次差，这种校服穿上街让人笑话”；学校为安全管理，规定学生要穿校服进学校，家长说“学校势利眼，只认衣服不认人”；学校听取家长意见，允许学生除星期一升旗外，可以不穿校服，家长又说，“学校腐败，回扣拿过了，校服又不让穿了”。

这个班主任的话，不一定没有根据。

作业少了，家长有意见，说老师“偷懒”，老师说，这是教育局和学校的规定；家长说“规定是死的，人是活的”，老师说要多阅读、多思考，不需要做那么多作业；家长说，我从小就做那么多作业，我不是很好吗？我家小孩需要多做作业，做不死人的，老师说，你的孩子如果想多做，他有这样的自由；家长说，学生做了作业，你老师怎么能不改呢？不改作业，你算什么老师？老师百口莫辩。

有所高中名校，毕业班家长“组团”找老师给孩子做家教，老师说从不做家教，不破例，家长问，你是不是嫌钱少？老师说，不是钱的问题，是学生应当多休息。家长便到处说："这个学校的老师水平差，连做家教都不敢。"有个老师不肯做家教，家长们联合起来纠缠他，开出了比较高的价格，坐在他家百般劝说，甚至帮他做家务。老师为摆脱纠缠，勉强答应了。家长遂在"群里"说："以前不愿意做是嫌钱少，加了钱就愿意了。"那个老师气愤地说"想死的心都有"。

学生考完了，有门课考得不好，家长怪任课老师不负责任，怪家教老师水平不行；某门课考得不错，则说自己家孩子能吃苦，每天在家做题做到深更半夜，然后还不忘控诉"家教收费高"……

总之，他们永远有话要说，他们可以随时挑毛病，还能以"投诉""联系媒体"为威胁……

很多老师有同感：如家长性格随和、学养高，孩子的学习和生活就比较正常，和同学也能融洽相处；如家长过于精明、有戾气、爱挑剔，孩子就会或性格乖戾或独学无友，往往困难多、痛苦多。现今家庭多是一两个孩子，家长把他们教得无人敢交往，究竟有什么好处？

"办人民满意的教育"，得让"人民"明白什么是"教育"。"人民"也需要有教育常识。无论如何，不能以"人民"的名义，为应试教育推波助澜，使"办人民满意的教育"，沦落为"办家长满意的教育"。办教育仅仅是为了让一些人"满意"，这是把教育当作服务业，把老师当成私人仆役。教育止于"家长满意"，就被抽去了公共价值，什么"民族"什么"未来"，统统不在其考虑范围。这样，教师的社会地位也就不可能有什么改善。

在童年的土地上

约20年前，一次会议上，我问南京江浦五里村行知小学的杨瑞清有没有来，有老师告诉我：没来，有些人不看好杨瑞清，说“他们学校学陶行知”，生源比较差，联考时学生成绩不高，“韭菜麦苗倒是能分得清”。他指的是行知小学教小学生辨识各种农作物、参加田间劳动。有一次区里数学测验，行知小学成绩不高。当时社会已风行应试教育，但行知小学仍然带领学生关注土地上发生的事。

我当时对那些非议感到莫名惊讶：乡村小学，教学生了解些农事，不是很自然的事吗？发达国家的中学生（甚至小学生）帮助家里干农活是很正常的事，开拖拉机、开收割机、打草收割、挤牛奶剪羊毛，什么都做。为什么我们这个农业大国的教育反要以四体不勤、五谷不分为荣？

“韭菜麦苗分不清”是传统的比方，也的确有人沉浸在个人专业中不辨菽麦，这不算什么了不得的事。然而，“韭菜麦苗分不清”的“知识分子”太多，就有可能干蠢事，人民就会承受不起；由这些人来管理公共事务，人民会更苦，社会很难有进步。一个社会的极大威胁，是人们丧失了诚实劳动的意识，只想暴富，只想一夜成名，只想少付多取，甚至不劳而获。教会学生一些农事知识难道不好吗？如果为了中考、高考多挣一两分，连生活自理能力也丧失了，对吗？

农村中学的老师说，现在因为有中考、高考压着，农村学生很少劳动。从来自农村的同事那里得知，与城市学生相比，农村中小学的学生除了上学、放学不用家长接送外，其他基本一样，很多学生甚至连爹妈如何劳作都视若不见。20世纪80年代以来，学校用以激励学生的，就是通过考试离开农村，脱离体力劳动。

学生的观念问题，和当今学校的办学宗旨及课程是分不开的。30年前，学校有“建校劳动”，秉承“过劳动的生活”（陶行知语）的教育原则，每学年有一周的集中劳动，校内很多劳作是靠学生完成的，包括校园清洁、绿化，以及食堂帮厨等，有些甚至是较强的体力劳动。我曾带领初二全班男生移栽过一棵大树，那热烈的场面令人难忘，多年后学生返校，还专门去寻找那棵树。在劳动中，同学们增进了友情，发现了新的课堂。高中一年级的“劳动技术课”也很有趣味。为期一周，项目自选。有学生用五天学习缝纫，最后的考试是自裁自制，做一件背心、一条围裙或是几副鞋垫；有的用五天时间把铁块锯断，在台钳上手工打磨，制作成铁锤，并镌上自己的姓名和制作年份。这样的“产品”没有什么“效益”，与钱无关，然而是有意义的学习。很多学生至今仍保留着那副鞋垫或那个铁锤。经历了这样用手也用心的过程，他们今后观察任何一件同类的东西，都有可能产生制作过程的推测和联想。

其他的劳动任务每周都有，远不止于打扫教室。当年，学校的面积是现在的两倍，总务处只有两三个工人，没有专职的清洁工。除了教室以外，学校划分出几十个“包干区”，从初一到高三，每个班一块，秋扫树叶冬扫雪；比较艰苦的，是有的班被分到冲大厕所，要从河里去抬水，没有一个小时干不完。总务处有时临时找班主任“抓差”，请求派体质好的男生帮助抬重物。30年前，学校好多树是老师带着学生种下的。每次大雪的清晨，就能看到老师们和学校干部一同扫雪、铲雪，那是给学生最好的劳动示范。

可惜的是，后来应试教育愈演愈烈，不但学生不再进行什么劳动锻炼，就连校园各班的“包干区”也由民工“包”了。我们的学校，正在培养没有劳动意识的学生。在养尊处优的同时，学生获取智慧的途径变得狭窄，这影响了他们的精神成长。

20世纪60年代初我读中学，每学期农忙时要到远郊劳动一两周。这固然是出于“改造思想”的考虑，但因此学生得以接近农民，接触农事，了解社会。抗旱时我学会了车水，学会了打草鞋，学会了拉板车，更重要的是，我看到了中国农民的艰辛，知道了大地上不只有风景，还有人们的希望；土地的丰收，是因为渗入了人的血汗和泪水。劳动不是苦难，因为劳动，我们成为人。

秋天，我到现今的南京市浦口区行知小学去，杨瑞清带着我在校园里参观，小学生们热情地围上来问老校长好，也向我这个客人问好。和30年前比，行知小学的校舍和教学设备，与城市小学已经没有什么差异，而校园里植物的种类比以前更多了。当年每个班的菜地仍然保留着，学生能吃到自己种的菜，还有山芋，虽然数量不多，不过是象征性的，但这是学校教给他们的，他们会永远记住童年的土地。

II

照亮校园的常识

教育，究竟是为了让人美好地生活，
还是仅仅帮助他们『活着』？

是美好地生活，还是“活着”

教育，究竟是为了让人美好地生活，还是仅仅帮助他们“活着”？

我们理解的生命，是富有思想情感的“人”，还是“活着的人”？

在生命历程中，人会有不同境遇，教育品质的差异有可能影响受教育者在未来社会的生命质量，影响他们的追求和对幸福的认识。纯正的教育使人崇仰精神的高贵，同理，在价值观混乱的状态下，扭曲的教育也有可能让人走向鄙俗平庸而浑然不知。

必须正视这样的现实：相当一部分教育者自身没有从工作中体会到教育的高贵和庄严，他们眼中没有活生生的“人”，没有“未来”，于是，他们在课堂上自然而然地向受教育者输送功利主义价值观，并不自觉地以自身的鄙俗玷污教育的纯粹。在他们眼中，人生就是一场你死我活的拼搏争抢，弱肉强食。教师一旦不能有尊严地工作，仅仅把教学当作谋生手段，甚至以之为牟利或爬升的工具，他的教学就是失败的、“无品”的。现在，教育界有相当一批人把学生受教育的过程当作“只能赢不能输”的赛跑，从“起跑线”到“终点”，只能拼命争抢，不能喘息休息，更不能享受；一些校长和教师公然鼓吹“优胜劣汰、成王败寇”的社会达尔文主义，在他们眼中，学校是竞技场，学生是角斗士，学习不是精神需求而是生死搏斗。当教育者成为喊“加油”的看客，当教育者驱赶、鼓动学生参加追逐赛时，教师怎么可能理解“生命教育”和“教育品质”？

古时，“学而优则仕”之所以长期成为诱惑，是因为统治者用被奴役、被压迫，用饥饿、贫穷来恐吓人们，用“劳心者治人，劳力者治于人”的事实佐证读书的好处，这在专制文化下极有驱动力。而今，比这更有效的，是家长和教师用贫穷和体力劳动为由，恐吓、逼迫孩子们努力学习。于是，读书就成为逃避贫穷与饥饿、摆脱被欺凌命运的出路，成了为生存的挣扎。应试教育之所以形成气候，也因为社会用贫困、失业及强体力劳动对青少年进行恐吓。从古代的“学而优则仕”到今天的“读书致富论”，诱惑绵绵两千余年不绝，说明中国社会的文明进步之路还很漫长。

不合理的社会现象，逐渐拉大的贫富差距，体力劳动者地位低下，部分人权利无保障、尊严受伤害，这就给基础教育造成巨大压力。应试教育成为很多人希冀摆脱贫穷、失业困境的唯一出路，也因此变得丧失理性。当社会判断、选择出现偏差时，人们不是去努力改变社会的不合理，以消除困境，而是把逃避困境解释为唯一的合理方式，这就不可能不拉低整个教育的品质。正视现实就不难发现，时下中小学生的课业负担不仅没有减轻，而且变得畸形，他们最有想象力的年华被消耗在枯燥的重复训练中，师长们口口声声“为你们的未来着想”，却让他们付出了生命中最宝贵的童年、少年和青春。

廉价的产品经常能迅速占领市场，因为人们购买价格便宜的商品可以减少生活支出，也等同于减少繁重的劳动付出。廉价商品的技术含量不高，使用寿命有限，品质低劣，当它无孔不入地充斥社会每个角落时，它离淘汰也就不远，有可能被全面地抛弃（也有可能被更廉价的甚至“一次性”的商品取代）。价廉，物能否“美”？得看它被“廉”了其中的哪一部分。为了应试而降低教育品质，牺牲人的根本利益，比如“精神”“志向”“趣味”“品格”，教育就仅仅剩下“分数”“名次”。如果在青少年时代，学生最重要的“精神”“志向”“趣味”“品格”被精简、被替换，以后将很难再萌生或恢复，那么，这一代教师如何向未来负责？未来将认为我们这一代教师缺乏勇气和智慧、鼠目寸光、素质差。同样值得反思的是，如果教师降低了教育的品质，又如何对自己的职业生命负责？——如果我们还有职业良知的话。

那些不知名的工匠，长年累月地精工制作，不愿“大干快上”，拒绝“偷工减料”，不敢“翻一番”，可他们造出的屋舍、修筑的道路，几百年、上千年后，依然坚固如初，而不必“造了拆，拆了造”地折腾。“百年树人”，人不是物，不能“回炉”、返工。不能因为廉价商品被抢购就可以称其为“人民满意”的商品。一个民族对美好生活的追求，需要以高品质的文化意识奠基。

基础教育至少要保持一种“根本”意识，让教育富有人道精神、重在“立人”：关注“人”的成长，让人性饱满。有了这些，学生方能自尊自强，自信地生存，成为和谐的人。偶尔和先前的一些学生在一起，我感到愉快。按世俗标准，他们很平凡，算不上“成功人士”；他们讲述的，都是很平常的生活故事，他们谈家庭，谈子女教育，谈社会交往中难忘的人和事，讲工作中的思考和发现；人到中年，他们仍然保持着学生时代的好奇心，有很强的学习意识，而这些学习与“利益”无关；他们对问题有独立见解，对世界上的美好事物充满憧憬。——坦率地说，这样的学生不算很多，但我总能从中受到鼓舞，加深对职业的情感。教师能做的努力是有限的，教师能始终坚持正确的教育也并非易事，也正因为如此，我认为教师自身的生命意识是教育的首要课题。十多年前，和一位美国老教师交谈，得知她的独生女30多岁了。“她和你们住得近吗？”我问。“有点儿远，她在非洲。”老太太笑笑说。“在非洲哪个国家？”“不清楚，到处走，去了十年了，学的是植物学。”她的话一下子让我聚合了非洲大陆的种种影像。也是那两年，友人告诉我，她学医的儿子放弃了在加拿大的职务，应聘去了非洲中部。“难道那里工资高？”“不，因为那里疟疾死亡率太高。”

一个人有了正确的生活目标，才有可能脱离低级趣味，淡泊名利，精神愉悦，才会珍视生命质量，成为“和谐的人”。人在社会中生存，之所以会面临各种困扰，往往是因为在受教育过程中缺失了生命教育，没有认真思考“生活”与“活着”的不同。一个人被剥夺了童趣的小学，被桎梏了梦想的中学，被物质欲望诱惑，丢失了自由思想的青春，即使此后有幸成为“业界精英”“上榜富豪”，是不是真的值得羡慕，是不是真的过得“美好”？如果他连自己都在怀疑“成功”的价值，怎么可能享受教育人生？

因此，若论目前的教育品质，相当多的人大概只是“活着”，而非“美好地生活”。

今天，人们都开始认同教育是一种“社会服务”，然而，培育人的社会服务完全不同于用货币交换的商业服务，这一常识往往被严重曲解，甚至教育界自身也在歪曲教育，自轻自贱。如果把教育当作“产业”，并且“产业化”，那学校就有可能成为生意场，课堂教学就有可能成为知识的贩售，“教育”就很难获得社会的敬重；社会不敬重教育，人们只看重教育带来的利益，教育就不可能完成“立人”的使命。

比“成功”更有价值的是趣味

我读小学时，全校只有走廊上有个电钟，教室里没有谁能知道时间，老师教学枯燥，学生便只能一节课一节课地“熬”——我的一个同学用的是数数字的方式。上课铃一响他就开始默念数字，每数到100便在纸上画一笔，要画到几十个“正”字才打下课铃。他数了好几天，终于摸索到数数的准确语速。当他用眼神示意时，同学们就知道“快了”，下课铃就要响了。还有同学在窗框上刻过下课时的日影，大家不时地瞄那道刻痕，焦急地等待。——在学习无趣时，11岁的儿童就能这样打发上课时间。20世纪80年代起，物质条件好转，学生开始有手表或电子计时器。如果学生频频看表，那可能表示教师的课让学生厌倦了：对学习厌倦，等于耗费生命。

学习没有了趣味，“厌学”就开始了。“厌学”程度不同，轻一些的，满足于考试及格；严重的，能发展到拒绝上学。我关注的厌学个案，一部分是家庭环境造成的，也有一部分是学校教学造成的。而在精神上压迫学生最为严重、最能消解学习趣味的，是社会和学校盛行的所谓“成功学”。当年学校宣传成名成家，主要为树立科学理想，能有短期的激励作用；到了经济大潮袭来，拜金主义与奢侈的生活方式影响到学校，诱惑取代了趣味，进而败坏了学校的教育品质。

把竞争引入学校教学，把属于完善自我的进德修业当作名利追逐，用考试替代教学，并错误地宣扬人生是场你死我活的竞争……种种错误的教育观扭曲了学习。当学校和家庭合力遵从错误、落后的价值标准时，学生没有能力对抗，只能在无休止的喧嚣中逐渐变得麻木。“生活”被拉低为“生存”，生命便失去了丰富的快乐。

爱因斯坦曾说：“不要试图去做一个成功的人，要努力成为一个有价值的人。”然而，如果价值观扭曲，教师和家长会把“价值”解释为“成功”。家长剥夺孩子学习趣味的主要原因，除了自身文化素养差，还在于不解“教育”为何物。他们往往受社会风气影响，认为读书等同于“刻苦”、“勤奋”等同于“不休息”，任何与做题无关的事都不是“学习”。部分学生厌学，和家庭提出的过高的“奋斗目标”有关。关注一下以干扰学校教育为能事的“虎妈狼爸”们，就不难发现，那些用极端手段对待子女的家长，自身文化程度往往不高，常把个人职业或事业上的失落归咎于中小学阶段的教育“不够凶猛”，因而对子女考试“成绩不拔尖”有种本能的恐惧。

带着恐惧的情绪学习，不可能享受学习的趣味，更不可能有创造思维。为什么在学生的童年，就给他们灌输功名利禄的意识，警告他们如果不勤奋刻苦，未来就得做牛马一样的苦力？在一个发展中国家，为什么整个社会都在散布对“劳动”的恐惧？——人们把体力劳动视为苦难，当作对人的惩罚（以前还有“劳动改造”“劳动教养”“下放劳动”等）。为什么要强调“利”而从学习中割去“热爱”？没有热爱的人生，没有生命乐趣的人生，有什么价值？

诚然，人生应当尽可能地发展自我，儿童认知能力有限，学习不能仅仅凭兴趣；随着成长，他总得学一些“虽然无味但不能不学”的知识，做一些“不得不做”的事。而他凭着童年开始的学习经验，能在看似平常的过程中逐渐体会到乐趣，有价值的学习便出现了。在儿童学习的道路上，始终需要有智慧、有恒心的人像一盏盏灯一样立在前方，而那些引导者自身就是善于学习的人、有趣的人。

在学校，总得有让学生感到有趣的事。我在和小学生、中学生的谈话中，发现了以教师本位观察未必能知道的趣味：今天会有某门课，而任课老师每节课上都能给他们带来一些意想不到的惊喜；和某班某同学是发小，课间跑去碰个头，击一下掌，烦恼顿消；某学科的老师比较喜欢他，在走廊里遇上都会给他一个微笑；某老师在课堂问答节奏迟滞时会朝他这边瞄上一眼；早晨到校，校长总会站在大门口，有一回天冷，校长曾关切地问他有没有加衣服；盼望每星期的社团活动，社团成员志同道合，全是“死党”；老师推荐一本和考试无关的书，他读完后谈点儿感想，发现爸妈对他刮目相看，于是期待下一回，期待可以炫耀……

有趣的事那么多，何必要争“第一”呢？“争第一”累坏了，“保第一”累死了。教室里总有一些“无趣的人”，进教室遇上，脸上的笑就会僵住。“俗物又来败人意”，宣泄的是人之常情。如果老师喜欢的是那群无趣的学生，提倡“争第一”，可是“第一”只有一个，其余皆为看客，学习就没什么乐趣；平庸的教学，总是和无趣的人相安无事。在学校，学生如果每天都要看到几个无趣的教师，回家还要面对“励志”的爸妈，学习对他而言，就只能是考验和磨炼了。

个别教师认为教学无乐趣，往往在于他做学生时已习惯于无趣的学习；教学在他，也不过是谋生的饭碗，而非有趣的冒险。把教师工作说成“奉献”“牺牲”，是对教育的曲解、对职业的“误识”。社会把教育庸俗化，庸俗化的“成功学”又在影响教师的教学观。平庸教师的课堂培养出的人群，构建平庸的社会，继而把教师工作尊为“蜡烛式”“春蚕式”“园丁式”，麻木地讴歌，仿佛教学是不需智慧只需勤苦的劳作，如此何来趣味？学校教育中，最常见的是缺乏智慧的课堂：按部就班的、一成不变的教学计划，单调乏味的照本宣科，没有灵动激情的表达，没有真正地尊重学生的思考力，等等。学生在这样的课堂上，怎么可能体验学习的趣味？

没有智慧和情感，教育就没有发生

教师应当有教育智慧，学校应当是一群聪明人组成的教学集体。教师是学习的引领者，他自身必须是热爱学习、善于学习的人，他有比较宽阔的知识背景，他观察问题有理性高度，他的课堂能体现正常的情感、态度和价值观；他能直面复杂严峻的现实，辨别是非真伪，他能判断事物发展的趋势，从容应对突发情况；他从不附和别人的观点，总是独立思考，保持理性客观的态度；他有一套独特的思考问题的方法，总能在教学实践中有所创造，让课堂有智慧之光；他善于启发学生思考并发现问题，对教学内容有个人见解，能让所有的学生关注方法、轻松地学、渐入佳境。在学生眼中，教师善于学习，并富有生活激情，在学生所能接触到的层面都能展现出聪明、趣味，学生对“教师”“学校”便会有“热爱”“敬重”。如果在未来社会见到平庸无趣的人群，他们就会特别珍惜、怀念自己的学生时代。

校长应是有理智也有教育激情的知识分子，他的智慧一定要超越“执事”式的行政官僚，否则他无法管理学校，无法领导一群有智慧的教师。他的领导力不在于他握有的权力，而在于作为优秀管理者的远见卓识、博大胸襟和诚实守信。学校的教育教学管理不仅仅要关注学生的当下，更要关注他们在未来立于社会的精神姿态，这就需要学校的领导者有高于一般文化人的责任感。学校要包容来自教师的不同意见，容许有不同的声音，提倡风格不同的教学实践，保护教师的自由思想和教学个性，只有这样，学校才可能成为有现代文明意识的精神家园，教师和学生才能发展他们的创造力。

教师的教育智慧是学校最重要的资源，是立校之本，更是立人之本。但教育智慧并非静态资源，它需要发展和更新；重视教师的专业发展，学校才有可能保持教育教学的品质。教师专业要想发展，首先必须倡导自由精神，既遵循师德规范，又尊重个人意志。如果教师都富有想象力、富有激情、能独立思考，课堂就会是思维培育的辽阔天地，教学就能播下自由思想的种子，学生在离开学校后，一旦时机到来，他的创造精神就会萌芽、生长，成为社会的精神财富和发展的驱动力。

当今学校存在一些奇怪的现象，而且长期不变：大批因循守旧、业务平庸的教师自我感觉良好，怡然自得，完全没有压力；学校应付行政和社会各种干扰则有一整套驾轻就熟的对策，能把各种违反教育常识的行为解释得合情合理。比如，增加阅读积累是学生基本的学习任务，然而，在很多学校，“阅读”竟然与高考“对立”起来，学生根本没有时间阅读（更没有独立思考的空间）。有些学校和班级管理明令禁止学生阅读“与高考无关的书籍”，社会科学阅读没有了，文学阅读没有了，自然科学阅读竟然也遭禁止。近年有关方面可能意识到这种反常识、反文明的不良倾向，在中小学搞“阅读推广”，作为读书场所的学校要设“读书节”，匪夷所思。现今教育投资比历史上任何时期都多，许多学校的图书馆美轮美奂，然而图书借阅率很低，低到不敢公开，图书馆成了学生应付海量作业的场所。同样，教师阅读量也低，一些学校的校长看到教师自觉阅读，非但不支持，反而担忧教师“教学精力不集中”。遵守常识是最重要的智慧，“读书学习”的基本常识被颠覆，何来“智慧”？

应试教学需要万马齐喑、按部就班，需要“勤奋刻苦”“坚持不懈”，因此，长期困于应试教育，职业倦怠期会提早到来。教师在工作中缺少新的发现，缺少创造激情，积久也就可以凭“惯性”生存。常有教师说“熬到退休”，说明在他而言，教育教学工作没有乐趣，不需要智慧和激情，纯粹是为谋生。一旦智慧被贬低，激情消失，教育也就谈不上“品质”。

富有智慧的各科教师群体，是学校教育品质的“标高”。学生从师而学，怀着对文明与智慧的向往，如果他在学校不被当作有尊严的人，而只被当作升学率的“分母”，他必然丧失学习的激情。他看到野蛮的“教育GDP”，看到学校被管理得像集中营，看到教师像看守机器的操作工，看到学生像等待灌输的容器，那么，“教育”在他，就不是一件美好的事，充其量是绝境中的跋涉，是苦难之路、荆棘之路，他不过是想通过教育摆脱可能的苦役，通过教育获得进入上层社会的阶梯。那么，他会怎样认识“童年”和“青春”？他怎么可能获得“智慧”和“创造力”？

因为有利益的诱惑，因为没有长远的教育理想，学校教育行为难免短视，理性与智慧被反常识的蛮干轻易取代，真正有价值的教育其实并没有发生。

让学校静下来，静下来

有老师问，你在《课堂上究竟发生了什么》一书中为什么反复强调“常识”？很简单，我是教师，背离教学常识，就误人子弟。我天分不高，遵守常识让我的教学少犯了错误，我经常对同事这样说，是因为这方面的体会太深了。教育界的浮躁之风经久不息，“反常识”甚嚣尘上，几成气候；强调教育教学的本分，能让那些守常识的老师安心教学。

一所安静的学校、一间安静的教室、一名心情平静的教师和一群能自由思想的学生，是我对教育的期待。

浮躁导致教学失“常”

人接受教育，是为了养成良好习惯、学会学习、成为有智慧的人。如果基础教育的任务仅仅是教会学生对付考试以升入高一级学校，那就无所谓“基础”，真正的教育也就难以发生。学生成了考试机器，没有问题意识，缺乏批判思维，不关心社会，甚至不思考自己的明天，这种“教育”即使有社会风气支撑，教育者也不能认同，因为它违背了常识。

缺乏理想与智慧，等于没有教育，更危险的是教育严重违反常识，形成“反教育”。目前最令人担忧的是，反常的“教育”变得堂而皇之。教育目的一旦被庸俗化，简约的教育内容被繁复的形式所替代，师生疲于奔命，教育便不可能让人变聪明，而只会把人逼向愚昧。更令人担忧的是，人们无视愚蠢教育的危险性，而热衷不切实际的鼓噪。基础教育不可能“早出人才”“快出人才”，学校教育不宜提倡“竞争”，学校管理不宜过多强调“特色”“成功”，等等，这些本是常识，然而，瓦釜雷鸣，参与念歪经的往往人多势众。

教育关涉人的未来，任重道远，不能因为出现困难就可以背离基本常识。基础教育一直遭遇各种困境，但解决问题的阻力变得越来越大。此中原因，一方面固然在于社会开放后人们能公开主张争取个人利益，另一面也和社会不良风气有关。无知和急功近利纠缠在一起，酿成校园的浮躁之风。

在一些学校，看到的，经不起想，听到的，经不起问。比如，一些学校宣传推行“高效课堂”，既然“高效”了，那就意味着可以少上些课，然而看教室课表上主要学科的课时，竟然大大超过部颁标准，显示出的恰恰是“低效”。近年有“阅读推广活动”，对学生谈读书的重要，甚至对教师谈如何读书，一些学校还设立“读书节”。——学生应当每天读书，怎么还要“读书节”？“读书节”这一天，学生捧着书装样子拍“阅读照”，然后继续做教辅、做试卷，高三每个月只能休息两天。

学校如此热衷作秀，就不能不把它上升到职业廉耻高度加以评判了。一所学校，能把无教育价值的事做得形式光鲜、过程精致，以如此的精力去从事低智商活动，这种反常识的行为示范，对中小学生思维的伤害很可能是终生的。

因为浮躁，便无视常识，不讲逻辑。多次看到这样的“经验介绍”：某个学生“月考名次落后，年级组和班主任及时与家长沟通”。——什么叫“月考”？为什么要排“名次”？学生某门课成绩有浮动，是不是非得去寻根究底？学生本人有没有思考能力？找家长“沟通”的作用是什么？如果学生学习一有问题就“及时通知家长”，那么学校和教师的职责又是什么？这些白纸黑字的“经验介绍”会留存史册，未来的教育史家会在安静的时代阅读今人留下的教育事迹，他们会比我们有智慧。教育界不能再制造笑料了。

如果一种不良现象长期得不到纠正，那一定是有利益群体在固守，他们会找出各种各样的理由解说、推诿、转移或干扰人们对常识的关注。比如，在传播技术发达、获取信息便捷的现今，一名教师的学习比以往任何时期都方便，可是，每年仍有动辄数以十万计的教育干部和教师不远千里朝拜“典型”以“取经”，这种现象为中国教育界独有。而中小学的“检查”“验收”“评比”多到令人不胜其烦，学校疲于应付，难得有一周安静；一些教师也受浮躁之风影响，热衷表演，课堂喧闹如集市。有人认为，这些“检查”“验收”“评比”和“赛课”“对学校工作是一种推动和促进”，这种解释隐含的意思，仿佛在说学校懒惰、教师无能，按常识常理没法管理与教育。

浮躁之风，或出于落后的政绩观，或在于违背常识的盲从。浮躁之风盛行，是因为有人可以从中得到好处，而更多想获得好处的人们则自觉地维持并发展这种浮躁之风。这类怪象，经不起理性思考，如果能在教育内部推广常识教育，其怪自败。教育要教会学生思考，教育者本身即应当是思考者，如果教师和学校管理者回避矛盾，教育也就很难培养学生的批判性思维。

学校和课堂需要安静

在喧哗和骚动中，我渴望能有安静的学校。学校静下来，有价值的教育才会出现。在安静的校园中，教师既能敬重常识、保持理性思维、深刻地思考复杂问题，又能展示简约平易的教育风格；学校不折腾，教师不盲从，富有智慧的教师站在讲台上，学生庶几可以安心地学习。

在一些相对安静的学校，人的心境会变得辽阔。我曾访问一所学校，校长对我说：“我们是所普通学校，生源一般，升学率不太高，也没有什么‘特色’。”老师说：“没什么人来听课参观，领导不常来，评比没份，学生没吃太多的苦，蛮好的。”校园整洁，没什么标语横幅，会议室布置简朴，没什么奖牌奖杯，学生举止礼貌，老师态度温和。我觉得很好，正常，“像从前的学校”。有次在郊外看到某校长跟着学生春游，感到有些意外，因为很多学校已取消了春游。那位校长说，只因市里通知上有一句“要特别注意保障学生人身安全”，一些学校便以此为借口，名正言顺地不安排春游、秋游和社会活动，但补课却十分主动，这，难道不值得深思吗？

学校安静了，教师的心平静了，课堂正常了，学生的学习开始了，教师的职业素养也提高了。有这样的学校：例行的检查、验收，由学校专门的“班子”接待应付，尽量不劳烦教师，让他们安心教学；学校在某项节外生枝的检查或评比中落后，被上级批评，校长恬然自安，不以为耻，因为学校不愿为了一纸表扬逼迫教师、学生参与形式主义的折腾。有所学校，一学期只开了三次教师大会，校长解释：“学校哪有那么多事？不要折腾老师。”他认为，每天和教师在一起，能听到很多有益的建议。教师最了解学生，最有话语权，学校必须倾听教师的教学主张。的确，每所学校都有学养高的教师，无论处在什么样的环境中，他们都能远离尘嚣，保持冷静，以他们的理性思考和判断，带领学生做出正确的选择。

然而，学校为何始终静不下来？为什么有那么多管理干部热衷制造“特色”，编出各种“排比句”“顺口溜”？为什么有很多教师热衷上表演课，角逐“赛课”？一所小学怎么会有成百个“科研课题”？为什么教育行政部门总是希望学校多挂标语横幅，“把气氛搞得浓浓的”？为什么有那么多检查评比？为什么许多学校特别重视“与媒体搞好关系”？

能不能不要去骚扰学校？学校能不能不自我折腾？

没那么简单。非喧嚣则难以出名，不折腾则无以获利。领导左右逢源，教师左右为难，学生则疲于奔命。学校的喧闹，不可能不影响学生的情感和思维。如果学生长期被过重的学业负担困扰，如果学校和教师的“业绩”要通过学生的考试成绩来体现，那么，这样的教育怎么可能培养出学生的创造精神？

现今校园中最尴尬的事，莫过于坚守常识比折腾胡闹还要艰难。我们不能过高估计人对抗环境的能力，一名教师在喧嚣的氛围中要付出极大代价才能保持自我，随波逐流则省时省力。但是，违反教育常识，对一些教师来说是极其痛苦的事。

教师能不能保持职业理想，能不能从工作中感受职业幸福，既取决于他个人对教育的理解，也取决于学校的教育追求。教育价值观混乱，学校文化必然变质。在一些学校，遵循教育规律、尊重教育常识的教师，往往被视为异类，被认为“不通世故人情”，被认为“缺乏合作精神”，而最具诬蔑性也最具杀伤力的指责，是“不为学生利益着想”。——猥琐的、市侩主义的教育观就这样践踏着教师的职业理想。

“理想主义”有害吗？教师富有教育激情是幼稚吗？教师的职业态度为什么不能单纯一些？如果教师心中只有教育之利而无教育之美，他的学生能学到什么？

教育者就应该是理想主义者，如果他过于“现实”，他教出的学生至多是精致的市侩。

如果“现实”落后、庸俗，教师是不是也得“尊重现实”？有没有其他选择？是顺应现实还是改造现实？顺应落后的教育状态，并不难，只要装作没看见就行了。可是，学生在看着教育者，学校和教师所做的一切，都会留存在学生的记忆中。我不认为一名教师只配“顺应潮流”、听天由命，我同样不认为学校没有能力保持理智、保持独立性。在现有条件下，仍有把事做好的可能。事在人为，一些本可以做到的事，就是因为软弱、不作为、争利、避责，一年年地拖成了老大难；面对流行风潮，学校和教师只要敢于放弃私利，就有可能保持学校和课堂的安静。教师有能力，管理者有务实的决心，既敢于抵制片面政绩观的折腾，又不纵容民粹思潮干预教育改革，改变目前教育的不良状态，不是没有可能。

这些年结识了不少老师，他们对我讲述课堂上发生的事，讲教学之难和教学之美。从他们的讲述中，我感受到炽热的职业激情，也更清楚地认识到，教师遵循规律、恪守常识，是基本的职业素养。当今之世，这种职业态度也许平淡无奇，很多学生也受时风影响，对正常教育缺乏正确的认识，然而一名理智的教师清楚地知道自己在做什么，未来的时代也必然敬重这种平凡教育的高度和品质。

我尊敬那些安静的教师，他们完全不顾一波波涌来的浪潮，对喧哗嘈杂充耳不闻，他们静心教学、静心读书、静心思考；他们不愿被社会风气绑架，不参与所谓的荣誉评选，不肯牺牲学生的学习价值去争升学率，不让庸俗的名利观玷污职业荣誉；他们乐于在“普通学校”当“普通教师”，过普通的生活，在平凡的工作中提升职业品质。一名教师即使能力有限，如果能保持独立思考，对现状有清醒的认识，也能对学生成长有积极的影响。

在安静的学校，学生安静地学习，他们的思想在自由地飞翔。一所安静的学校，会成为学生的童年记忆、青春记忆，在未来的某个时候，学生能体会到“正常”的重要。

童年只有一次，少年并不漫长，属于校园的青春也只有几年，如果学校能真正地安静下来，学生也许能得到他们渴望的美丽人生。

不能夸大教师的作用

有教师谈到，一些学生从小学入学到中学毕业，心智发展比较慢，行为习惯的形成始终迟滞于同龄人，“就像没开窍”，很难接受积极的影响。对这样的学生，有没有什么好办法？

我不了解具体情况，很难发表看法。学生“心智发展比较慢”，“慢”到什么程度？有没有基本判断能力，有没有影响与他人交流，有没有正常的生活自理能力，这些，需要有具体说明。但如果教师仅仅因为学生“不太聪明”、说话做事比较“慢”，就希望他能“快”，能和别人一样，我想大概不会有立竿见影的办法。如果说有办法，也许仅仅出于安慰。教师总希望通过自己的努力，让学生发生变化，但未必能有成效。有些学生情况可能比较特殊，不能完全寄希望于学校教育。

我反对夸大教师的作用，甚至认为不能夸大教育的作用。在对教育缺乏正确判断的社会，贬低或夸大教育的作用，都会让受教育者受到伤害。坦率地说，学校和教师能做的事是有限的。对一些比较特殊的学生，多数情况下，只能等机会，而不能过于积极主动。我当教师没几年时，便开始质疑“耐心细致的思想工作”。我在遇到“问题学生”时，的确做了很多工作，花费了很多精力，非但劳而无功，反而招致部分学生很深的误解。然而，那些我以为有问题的学生，在后来的工作和生活中并没有太大的困难，用社会语言说，有些“混得很不错”。于是我这样推测——或许，一位他比较崇敬的教师，在某个特殊情况下的谈话给了他启示，令他豁然开朗；或许，几位有智慧的教师在同一时期不约而同地出现在他面前，相同的（或相近的）评价，让他开始正视自己的不良习惯；或许，一批又一批教师兢兢业业、遵循规律、顺其自然，有朝一日，终使这位学生猛然醒悟，开始思考生命的价值……

太难得了。在今天。

我们所期待的东西不一定会出现，但我们不能不去做，因为毕竟存在变化的可能。我因此认识到，教育对人的影响是巨大的，但是，教师用全部智慧和勇气去做，作用也许是有限的。面对社会现实，我常常认为自己所能做的简直微不足道，然而，如果教师不去做，也许更没有人去做了。于是，“能做多少是多少，不能不做”，成为支撑我努力的信条。

人生漫长，对在某个阶段所接受的教育，有人印象深刻，也有人可能毫无印象。在法国电影《放牛班的春天》中，享誉世界的指挥家皮埃尔·莫昂克回到法国参加母亲的葬礼，在少年教养院同班校友佩皮诺的纪念册上，他指着自己的启蒙教师马修的照片说：“这个人……，怎么称呼来着？”这部电影有许多经典细节，我很注意“这个人”的暗示。——如果没有马修老师的发现和引导，出自单亲家庭的皮埃尔·莫昂克成年后可能就是个病态流氓，除了马修老师，不会有人指导、推荐他去上音乐学院，他也不会有后来的一切。如果不是佩皮诺这个普通人还保存着老师的照片，他已把马修老师忘得干干净净。对教师而言，电影的这个细节带来深刻的启示。那么，潦倒的音乐天才马修会在意他的学生缺乏良知吗？我想不会。教育不需要报恩，虽然正常人应当有知恩感恩的纯真情感。

毕业多年的学生偶尔邀请我参加纪念活动，我会注意他们的回忆，因为那些往往是他们离开学校后“剩下的”教育印痕。学生回忆中学时代的一些事，往往令我意外：当年对我触动极深的重要事件，学生却没有印象；我精心设计的活动，从教育角度观察、分析，有价值、有意义，在学生，却不过是人生的一分钟、五分钟，过眼烟云，太平常了，

"想不起来了"。我当年用心努力，并没有让学生形成有价值的记忆。学生毕竟处在受教育阶段，不大可能明白"教育"的意义，更因为在一个讲求"成功""实用"的环境中，不能直接形成利益的过程都会被认为是"无用功"，学生在各种干扰与压力下，会忽略教育的"示范"。

这样看，教师可能会感到失落：为了学生的未来，我们用心去做的工作，学生的反应竟如此淡漠，那么，我们今天的"认真"还有什么意义？我们全心全意去做的事，竟连一点点的"意义"也没有，我们的劳动价值何在？

可是，正因为想到这一点，我更得努力去做了。我做，是因为认识到教师的教学符合教育要求、遵循规律、恪守常识；我尊重自己的职业，至于教育对象会不会因此有所改变，还真不是我能预期的（特别是在目前的社会文明状态下），我只是尽个人的努力，以不枉职业责任。我尽了自己的努力，付出了劳动，在这个过程中积累了经验，发展了智慧，身心愉快。再说，谁能断言那个"一点点"不会出现呢？如果认为不可能出现，便放弃、不作为，就认为未来的一切与我无关——每个教师都对自己的工作感到失望、放弃努力，那整个"教育"的状态将会变得更糟糕！学生在基础教育阶段，有几十位教师教过他，如果每个教师都认为自己的工作是徒劳的，因此失望，因此懈怠，"教育"在这个学生的眼中就有可能是无价值的消磨，他在未来会为自己的无所事事和平庸找到足够的理由。

至于学生如何认识教师的作用，我认为不必，也不应寄予过高的期望。我们应当重视学生的学习，但不能，也不应把职业自信寄托在学生的"教学评价"上。我曾在一些老师的评审材料中看到动辄几十页的"学生评价"，这些由学生书写的对老师的赞扬，高到了无以复加的程度，让人感到不安：学生是出于真心吗？这位老师怎么能收集并记住这么多学生的赞誉？这种评选会不会导致师生关系庸俗化？同样，我也看到，一些学生对学校组织的"教学评估"不负责也不认真——有些学生不了解评价项目的含义和标准，评价比较随意；有些学生“重教轻学”，过于重视分数，不理解教师的教学，评价不够客观。学生评价未必准确，而学校以此来衡量教师的专业水平和工作状态，会形成教师和学生的“利益”牵扯。教师把职业自信建立在学生评价上，就有可能放弃教育原则，取悦学生。再有，教师“和学生关系亲密”“爱每一个学生”，是不是就一定优秀？也许并不那么简单。学校就是学校，教师就是教师，教师果真“把学生当作自己的孩子”，或许正是错误的职业认识。如果学校让教师成为学生的保姆，将是更糟糕的选择。中国教育遗存的许多观念值得我们这代教师反思。

反思自己的教育经历，我想到，教师必须有职业的自尊、自信，必须始终保持职业精神。我们要认识到，教育所能做的事是有限的，终有一天，学生会走出校门，去学更多的东西。我们的教育，只是为他打了点儿“底子”。他凭这有限的基础走入社会，在未来的生活中会不会动摇，我们依然不能确定。教师学养能对学生产生影响，同时我们也不能忽视群体、社会和时代的影响。因此，教师自身不能高估教育的作用，不能把学生在未来出现的积极状态都当作教育教学的成果。假设学生的成就全是教师努力的结果，那么学生作为社会人，其品格、学养的欠缺也必然会被当作教师的失误，我们有没有能力承担那样的责任？现在，但凡社会有什么负面现象，人们都不加思考地指责“教育出了问题”，至于教育为什么会“出问题”，教育受什么控制和影响，则无人深究。毕业生说，“我的数学是某某老师教的，我永远感激他”，这个“某某老师”便因此而自得。但也有同班毕业生说“我最讨厌的就是数学”，那位“某某老师”是不是会因此沮丧、自卑呢？如果有学生说“我外语差，是因为某某老师曾批评过我缺乏天赋”，我认为那位言辞不慎的老师未必要负全部责任，也可能这名学生存在某种程度的认知或性格缺陷。学生过于重视教师的作用，就有可能“轻学”，便也很难“会学”。总之，教师不能认为自己的作用是无法取代的。学生在漫长的学习道路上，不断地遇到善于学习的教师，见到努力工作的教师，因此思考人生，思考未来，思考一些大问题，那样的学习才是有意义的。

教师能否成为真正的教师，首先取决于他通过教育活动把自己变成了一个什么样的人，取决于他能否在个人的教学活动中升华并扩充教师的职业属性，让学生看到一个人在社会上站立的姿态，而不是扳着手指头告诉你，他的门下共出过几个北大清华，“一本上线”多少人，竞赛获奖几多，等等。

在风起云涌的时代，在错综复杂的社会，教育对一个人的生存、生活会有作用，但也要看到这些作用可能的时效。教师认识到时代、社会对人的影响，就不会夸大教育教学的作用。不过，如果一名教师仍然固执地认为自己是“人类灵魂的工程师”，那不但不要再去做他的“思想工作”，和他交流还要谨慎一些。遇上这么一位自以为是的老师，学生难以接触到真正的常识。

正常标准，合理要求

我不反对工业产品、农产品的“标准化”，生活日用品、工作器具，特别是药品、食品，如果能有正常的标准和要求，人的日常生活便有保障，不管幸福期待如何，至少是安全的。所谓的“高标准、严要求”，仿佛比“正常”还要高一级，然而，这样的提法，其实是在暗示社会的“标准”“要求”经常会被打折扣。

现在很多学校的招生宣传或情况介绍，往往言过其实，总有些表达经不起推敲，也许是受宣传“模板”的影响，也许是不动脑筋，也许是偏爱“急惊风”式的流行语。比如，中小学的介绍中经常有“高标准、严要求”的字样，人们早已见多不怪，没有谁会当真，甚至认真去多看一眼，因为所谓的“高标准、严要求”已是说滥了的空话、套话，说了等于没说。

听到校长和教师对社会、对学生讲这个“高标准、严要求”，就觉得他们其他的言论也因此不可靠。教育教学的“标准”和“要求”是国家制定的，你凭什么私自对七八岁、十来岁的学生“提高标准”并“从严要求”？什么是“标准”？“标准”的制定要有什么样的依据和实验？需要有什么样的过程？这些，都需要有基本常识。任何标准一旦制定，便不能轻易改动。既然你敢私自“提高”，那也说明你同样也敢擅自“降低”。

比如，规定小学生中高年级家庭作业总量不得超过一小时，而一些学校纵容教师，把它提高到三小时，这是不是“高标准、严要求”？不是，这是“违规”。认识不到这一点，不仅是智商问题，也是缺乏法治观念的问题。

同样，国家规定每周五天工作制，中学一般已经是“六天工作制”了（还有更厉害的），这算不算“高标准、严要求”？不算。说“违规”太轻，这是藐视法规、蔑视社会。

某些学校的“高标准、严要求”荒谬绝伦。比如，规定学生午餐五分钟、洗澡五分钟，在校园里走路不准三三两两，超过二百米的距离要跑步……这是监狱还是兵营？这是不是“高标准、严要求”？不是，这是野蛮、反人道。

一所学校能不能有两种“标准”？人们经常说“要求学生做到的，教师要先行做到”，我倒是希望校长们和教师们能严格执行教育法规，对自己“高标准”并“严要求”，能经常反思：在执行教育法规方面，有没有打“擦边球”？有没有利用法规空档，违反教育原则？在遵守师德方面，校长有没有为教师做出示范？教师在遵循教育规范方面，能否严格要求自己？等等。就我所了解的情况，我对此没有把握。我看到一些学校腐败成风，领导班子就是一群酒鬼醉汉，教师利用家长关系网谋私，学校风气败坏。就这个样，媒体仍然大言不惭地宣称其“高标准、严要求”。

校舍建设为什么没有高标准，教学设备为什么仍然因陋就简，说起教师工资收入为什么要“谈奉献”，学生课业负担为什么有那样大的随意性，体育课为什么被砍掉，春游、秋游为什么被取消，等等，与之相关的“标准”怎么就没有人提了？不是没有标准，是眼里根本没有“标准”意识，也不想“达”那个标准。校长、教师对履行职责是不是“从严”了？执行有关规定是不是令行禁止了？对镜自省，以后不要那样信口开河。学校办学，要遵循规则，规规矩矩，不要弄那么多耸人听闻的“花头经”。

对较真的老师，一些学校总是“另眼看待”，他们会奇怪：“高标准、严要求”不过是学校的宣传而已，有谁跟你计较，你何必认真呢？

在学校教育中，没有“小事”，一点一滴，点点滴滴，都会形成教育，并会被学生带到更远的未来。

中小学教育管理，一定要警惕那些不负责的言论。对学生的学习有“正常标准”和“合理要求”的学校，才可能是正常的学校。

不要随意“从难从严”

因为流行“不能输在起跑线上”，所以学校也配套喊“高标准、严要求”“从难从严”。这类话多到习焉不察，脱口而出；当然，听这些话，也不会有什么震动。说到“不能输在起跑线上”，你的人生属于自己，谁和你赛跑？你以为一个热爱学习、善于学习的人会和你一样赤膊上阵？至于“高标准、严要求”“从难从严”，也莫名其妙：如果学校真的培育了适应“高标准、严要求”的人，社会状态肯定不是现今这个样子；而这个“高标准、严要求”，从我读小学起就一直在用，60多年了，好多违背常识的现象依然存在，仍然在“三令五申”，说明“标准”一向不高，“要求”仍然不严。无论是从应试教育的终点线，还是从成年人的“人生终点线”回望教育起点，只能看到漫长的过程，未必能看到“高标准、严要求”的影子。

基础教育培养学生的基本习惯，不一定要靠“特色”；学校教育能守常识、循常规，不一定要喊“高标准、严要求”。学校和教师是如何认识“教学常规”和“课程标准”的？倡导“高标准、严要求”，是不是嫌“正常标准”低了？“从难从严”下的学生能否有自由的思想？过早的竞争是否会导致人格缺陷？这些都是需要认真对待的问题。

过于严苛的学习和考试，有可能扼杀少年儿童的天性，毁灭想象力和好奇心。有位小学校长谈到“减负”之难，说某个年级的语文，一学期竟然“统测”了三次，“区里经常临时增加检查项目，学生的神经总是绷得紧紧的”。“区里”凭什么要搞“统测”？没有人给出令人信服的解释。“从难从严”的结果，是部分家长对教学要求产生了误解，对孩子的学习做出了错误判断。学生在“从难从严”中获得的不是学习趣味，不是学习热情，而是“忍受”“忍耐”。

因为有这个“高标准、严要求”悬在头顶，学生，特别是小学生，对“教育”的认识变为“管与被管”，丧失了学习自觉。一名考试成绩一般的学生在学校得不到表扬与鼓励是常态，因为他达不到“高标准”，经不起“严要求”，他不过是个学生，不是士兵，受不了“从难从严”。

对学生的表扬和鼓励是不是需要很高的教学成本？当然不是。可是因为有“高标准、严要求”和“不能输在起跑线上”的叫喊，教师的教学进度和评价尺度会相对固定，因此造成部分学生的学习始终处于被动状态。教师的教学观念影响他对学生的评价，也容易造成师生关系的紧张。

因为有“从难从严”，一些教师在教学中很少鼓励、夸奖学生，对特别需要鼓励的学生，生怕“被表扬坏了”。但是，观察学生的学习过程，会发现，教师的鼓励是多么重要。20多年前，有学生在随笔中写了数学课上的一件事，我看了很受启发。数学老师小结：“这类题目的思路和解法，就是以上这七种。”但他看到学生陈君有困惑，便请他发表意见，陈君犹豫地说：“我的解法好像和老师的不同。”陈君的表达不太流畅，数学老师请他上来板演，结果他写满一黑板。同学们疑惑，议论纷纷，觉得步骤有些烦琐，但数学老师思考片刻，说：“虽然有点儿复杂，但有价值，是你自己想出的，的确存在第八种解法。”几年后我问那位数学老师，他已完全不记得那节课说了什么。这说明什么呢？说明鼓励学生积极思维、肯定他的思考价值，在一些深谙教学之道的老师那里，是基本常识，也是他们的教学常态。在这节课上，陈君没有接受“有七种思路和解法”的“标准”，在和老师的交流中，他认识到个人思考的价值。即使他的思路是错的，解法是不成立的，但他有了表达见解的机会，他学会的是“学”。我还想到：另一个学生为什么会把这样的课堂见闻记下来？他又在想些什么？他从这件事上获得了什么样的启示？课堂时刻在发生奇迹，学生能有什么样的发现，有时就在于教师有什么样的教学观。如果数学老师惯于“从难从严”，陈君就会闭口不言。

正确的教学，重视启发学生思考和自由表达，而不是满堂灌输，不是强记多练，不是“超前”。不能违背课程要求，把下一阶段的学习内容提前到本阶段来灌输。让学生通过“刻苦”来“抢跑”，过早地让学生以出人头地为学习目标，这是在毁灭学习。学校教育中的很多口号经不起推敲，过难或过严的要求，会让学生畏难而退，失去学习动力。

教师常对学生说“这个问题不准错”“如果思路偏移，将铸成大错”，其实在学习中，“教训”往往比“经验”作用大。不犯点儿错误，不走点儿弯路，思维也会僵化。在基础教育阶段的学习中，学生为什么不能犯点儿错误？课堂是可以犯错误的地方，学生在这里学习知识、检验思维、测量能力，他可以“不相信”，可以质疑，当然也可以按照自己的思考去尝试，去冒险，这个过程中的思考和总结将形成个人经验，上升为方法和智慧。根据目前的考试水平，教师靠简单的强制灌输也能让一名学生通过升学考试，但由于缺乏探究的能力，学生未必能适应未来具有各种不确定因素的环境，不敢犯错误的学生也可能因为缺乏创造精神而走向平庸。

我在教学中常见到敢于冒险的学生，他们并不在乎考试分数，而在意领略学习趣味，表达个人意见。他们在平时就乐于“东张西望”，有广泛的学习兴趣；在考试中他们不想“求稳”得满分，而想尝试新法，作文考试照样保持独立意志，不考虑得分……这样的学生为数不多，但每一位都给我留下了很深的印象，令我对课堂教学有更多的期待。我也似乎能看到，他们在未来社会，将具有超越一般人的生存能力。

在具体的学科教学中，我们也能看到，“过难过严”在伤害学生的学习自信，导致教师的教学判断失误，教学中的一些“老大难”问题因此出现。近年常有老师和我探讨中小学作文教学的困境。我常常感到奇怪，这些老师对学生作文的要求为什么会那么高？我从教之初，曾观摩过一些作文批改的“样板”，红字满纸，符号满篇，难得有一段没有勾画批改的痕迹。错字一一订正，句子一一调整，段落有眉批，结尾还有四五行字的评语……我看了之后非常惊恐：如果按这个标准改作文，我当不了教师了。按“样板”的规格，每篇作文大约要改半小时，一个班50多名学生呢，这样改，语文老师会很快累死！况且老师这样不要命地改，学生反而更害怕作文，他会认为实在太难了。学生的作文不过是“练习”或“习作”，不是文学家的传世之作，不是科学论文，犯得着那样如琢如磨吗？偶一为之，教学生自行修改，示范给学生看，尚可；至于平时作文，批一两句最需要说的话——突出表扬某一成功之处，指出不能忽视的某个方面的不足，提一条主要的修改意见，启发他反思某个段落的表达……都有用，但最好只提一点，不要面面俱到。什么都说，往往等于什么都没说。

有些老师，在评价学生作文时，用教科书上的名家经典做比较。——绝大多数学生的作文不会入选中小学语文教科书，那么高的写作要求，他们怎么可能爱上作文？你这位老师以为自己是在指导博士论文还是在教“作家班”？教师如此“从难从严”，导致学生自卑，是不是有些荒唐？回头再说教师。你每学期写过几篇“作文”？你的文章能做到文不加点吗？

我在听老师诉批改学生作文之苦时，经常问，为什么你看到的全是不足？就不能说他有哪一句话写得特别好吗？这个学生，说不定以后要写一辈子呢。这两年，每次作文你只需批一两句话，一点点地教，这就是你的工作；学生按要求作文，不过是一次“练习”，这样的作文，他一学期要写好多篇。不提过高要求，让学生每次都能有点儿进步，得到一点儿启示，这样，学生得以保持写作兴趣，慢慢来，就会写好。目前中小学教学中过高的作文要求、过低的思想含量、刻板无味的模式化表达，已成常态。所以，中小学作文教学，教师首先要有正确的观念，要有一年、三年、六年、九年甚至更长的发展眼光，不要试图在一次作文中灌输全部写作知识。

我并不否认教育要有“标准”和“要求”，我只想强调“正常”，强调尊重规律，遵守常识。无论如何，基础教育不要对学生提过高要求。人的童年和少年时代在为一生“打底色”，不能让错误的教育扭曲学生的心灵，伤害他们的思维品质。“高标准、严要求”的口号、“不能输在起跑线上”的恐惧心理之所以风行，是因为传统社会的焦虑、管理者“政绩观”的作祟，以及“集体无意识”的放任。

听过一些教师激励学生的极端话语，完全没有正常的思维逻辑。那么严的要求、那么高的奋斗目标，教师本人半辈子也没做到，却推给中小学生。一些教师平时教学那样随意，布置作业又是那样疯狂，完全不像受过专业训练的人。自己是个懒惰不肯学的人，对学生却要“从难从严”，咄咄怪事。

与应试教学上的“从难从严”相比，学生人格养成教育却是既不难也不严。无论城市还是农村，学生被娇生惯养的故事声闻海外。这一代学生缺乏劳动意识，大多数学生不劳动，在家被父母，在校园被老师、工人“饲养”“伺候”。

对教育教学的“高标准、严要求”要有理性分析。应当遵循教育科学规律，遵守常识，根据客观实际，实施正常教育。基础教育不是职业教育，不是军事训练，它有自身的程序和规律，不能随便移用其他模式。至少到目前，尚未看到基础教育的“高标准、严要求”“从难从严”对社会文明进步有明显的推动作用，倒是在这种口号下逐步形成的“淘汰制”在伤害教育公平。所以，回归理性，尊重常识，中小学教育不宜随意提“从难从严”。

学生要有“课外”

教师每天上课，学生每天听课。课堂究竟能解决多少问题？

之所以思考这个问题，是近年教师和学生都在喊累，究其原因，师生两方都提到“课太多了”。

因为应试教学的干扰和社会浮躁风气的影响，很多学校办学出现偏差，违背教学规律，不执行课时规定，认为“加班加点”是提高升学率的法宝，既拼时间投入，也拼体力，把学生“圈”在课堂里，围绕应试“强化训练”，让学生大量地做题。到了高三，一些学校语文、数学、外语等科目的课时是教育部规定的两倍，以至于学校的课表“拿不到台面上，不敢示人”。然而事与愿违，上了那么多课，不仅把师生搞得疲劳不堪，效果也差，这是因为学生没有了“课外”（或曰“课余”）。如果学生把全部精力放进了课堂，下课后只能睡觉了。很多老师早就发现了这种教学的弊端，但苦于被大潮裹胁，无处发声。

课堂只能解决部分问题。课堂，只是学生全部学习生活的一部分，学生没有了“课外”，“学习”就不完整。没有“课余”，很难培育学习的趣味。学生在课外做些什么，如何支配有限的课余时间，对掌握学习方法有没有个人思考，对他们的未来会有重要影响。

学生学习需要更大的天地，上课过多不利于发展学习兴趣

课程设置和课时安排依据的是学生的认知特点，有内在规律，“浓缩”或“稀释”都不利于学生的接受与理解。特别值得注意的是，简单重复和无休止的训练有可能导致学生对学习产生“误识”，丧失学习兴趣。基础教育中，从小学开始的应试意识一直困扰着学生，他们能在压力下保持一点儿学习兴趣很不容易。中学课程，学科趣味仍然应当是学生的学习动力，无视这样的常识、常理，学习很难有愉快可言。

在学科的课堂上，知识呈现有可能是独特的、单向的，课时仅够教师完成基本内容的教学，学生还要通过感悟把知识转化为某种能力，形成、充实思维方法，这就需要思考、理解，需要逐步消化吸收的过程，需要一定的环境、背景、经验，甚至需要某种契机（有时简直可遇不可求）。课堂教学往往按部就班，只有在课外，学生方能比较从容地思考、领悟，对所学知识进行整合、巩固，并做进一步探究。这个过程饱含学习趣味，“学而时习之，不亦说乎”，就是这个意思。学生通过思考、感悟获取的方法是最有价值的，如果他没有时间去思考、感悟，那样的“学”会带有缺陷。

没有思考时间、缺少理解消化的过程，“学”变为死记硬背，也就扭曲了教学观，使师生皆迷信“课堂万能”“考试万能”。目前的检测评价模式，思维含量不高，不强调个人见解，难以考查学生的批判思维能力，“死记硬背”非但不吃亏，往往有利可图，这就为一些学校鼓吹“强化训练”“集中复习”找到了充分的借口。

在课堂上，我曾发现某位学生常有令人惊讶的见解，我注意过他，并自以为了解他的学习状况，然而，某次课堂提问，他的回答竟超出我的预期，他的独特见解与简约表达都让人刮目相看，我甚至怀疑自己以前是否了解他。其实，我以前对他的判断也没错，只不过他在一段时间里突飞猛进，有了质的变化，而这些变化，课堂上未必能表现，也不一

定有机会表现。可能某段时间，他在课堂之外找到了感兴趣的问题，摸索到了适合自己的方法，就会很“来劲儿”。教师在课堂上，往往把注意力放在需要特别帮助的学生身上，而且一段时间内，班级总会有需要关注的特定对象，教师不大可能分别关注数十位学生的个人状态，不免顾此失彼。就在这时，没被注意的学生并没处于停滞状态，他们在“学”——在你没注意的时候，在你想不到的地方。

在课堂上，在教师的引导下，学生开展学习和交流，教师充分调动个人智慧，课堂交流有典范性。可是，并非一切知识与能力都要通过“教”而获得，也并非一定要在课堂上才能获得，更非要通过超量作业才能形成记忆。学生的感悟与思考才是学习发展的主要契机。

学生思维能力的形成有许多因素，不大可能全部来自课堂。学生从课堂的教学和交流中得到启示，在课外进一步学习与思考，逐渐形成能力。正常状态下，学生每个星期上五天课，每天六至八节，仍少于他们的课外时间，如果学校少让他们做一些作业的话。如此，在需要保证的睡眠时间之外，他们就有时间接触一些事物，并有余力关注感兴趣的问题，同时，他们也需要利用这些空余时间思考，并将课堂上发生的一切“回放”。

课堂并非万能，靠多上课不可能解决问题

如果课堂真有那样神奇，能让一切问题迎刃而解，而且留给课外的只是轻松和快乐，那不妨多上些课，然而情况不是这样。

很多教师重视课堂教学，这是对的。但是，过于迷信课堂的作用，可能事与愿违。一是教师个人的业务修养可能难以达到那样的境界，二是违背认知规律，不了解“学”和“习”的关系。教师误以“课堂循序渐进”为正途，忽略了学生“课外”的自主学习与探究，也就有可能忽略学生的学习个性。

以写作教学为例。绝大多数写作者说不清具体技能的来处，能说清的则又未必能写好。几乎没有写作者认为自己的写作能力来自“课堂教学”，他们不是从一人一书一处而学，而是“时时”“处处”在学，在“悟”。又如，语文的“当堂阅读”从来解决不了多少问题，学生得靠大量的课外阅读积累经验，增进理解能力，这是常识。可是人们常以为课堂万能，把一节公开课的作用吹得神乎其神，而无视学生的课外学习积累。小学阶段的开蒙，课堂比较重要，因为课堂上要讲授一些基本方法；到小学高年级，很多学生已经具有阅读理解的基本能力，他们的自由阅读积累是上课时“走神”的“本钱”。无论读与写，学生的课外思维活动都要多于课堂。“触点”多，获得的启示也必然多。人能走路，不可能是在课堂学的，而更像是一种本能。至于走得“整齐”，会迈正步，通过简单训练就能完成。

学生的学力差异，多在“课外”形成。学生的学习个性，特别是一些习惯，不完全靠课堂，多来自其思考和行为方式。大量的课外时间有助于习惯的形成。一般而言，课堂教学考虑的是“共同基础”，而发展学习个性，则在于学生个人的学习天地。学生能把这片天地拓展到多大，要看他有无趣味，有无想象力，有多大的余力，以及有多大的活动空间，等等。

学生有没有支配时间的能力？如果学校不占用双休日，他会如何安排？如果有一整天时间，他会怎样计划？如果有三个小时，他会做什么事？如果只有40分钟空余，他会不会想到去做一件有意思的事？如此等等。总之，学生在没有教师（或家长）指导的状态下，知道该做什么、如何去做，作为学生，他就合格了。

基础教育阶段，学生的所学能引导一生。现在一些学校迷信“集中管理”，具体而微，课间要管，午休要管，晚饭后也要管，学生被挤压到没有“课后”和“课外”。只要有半个小时空余，就会有教师“见缝插针”，在教室讲课或是带学生“做练习”，这些对学生形成习惯、获取智慧毫无益处。曾听南京某高中解说“集中教学”的“特色”，最重要的一条是“帮助学生把时间利用起来”。——高中生已十六七岁，还要统一用餐时间、统一午睡、统一晚自习，从早晨六点到晚上十点半，学校都在帮他们做决定，这不是“教学”，是“管制”，把学生当白痴。管多了，学生没有了“课外”，没有了自由支配时间的经验，日后也就没有正常的自理能力。进了高校，处在“无人管”状态，让他们自由支配时间，一些学生便不知所措。应试教育把他们送进高校，而他们不能适应无人管束的生活，不知如何“自主”“自立”，这样的状态下指望他们“创新”，如痴人说梦。现在很多学校的管理仍然处在野蛮状态，以那样的落后状态开始“课改”，学生会有什么样的待遇，无法想象。

必须让教师和学生理解“课外”的重要。学生的“课外”有可能决定了他们未来的文化品质和生活格调。我越来越关注这方面的差异。学生接受什么样的教育，有什么样的思维方式，有可能影响他们在未来社会的精神状态。

如何真正让学生获得生存能力？如果我们了解了从教学到考试的全过程，知道了目前的教育模式对学生未来的影响，也许我们会更多地思考问题，而不是投机取巧，纠缠眼前的蝇头小利，无视学生终身学习习惯的养成。

作为每天与学生相处的人，教师是不是应当关注一下学生的“课外”？如果他关注了，有意义的教育反思也许就能开始了。

教师必须有“业余”

爱因斯坦说过，“人的差异在业余”。这个意思，他可能在多个场合说过。现在比较容易查到的，是周有光先生的回忆。20世纪40年代，周有光在美国曾有机会和爱因斯坦聊天。爱因斯坦有句话让周有光印象深刻，他说“人的差异在业余”。据计算，一个人到60岁时，实际工作时间约13年，除了吃饭睡觉之外，业余时间有17年，怎样利用这段业余时间，就很重要。周有光回忆，介绍他去聊天的教授说“爱因斯坦空闲得不得了，想找人跟他聊天”，这无心的一句话真是值得玩味。（周有光《百岁忆往》）

很多教师，同样接受高等师范教育，在同一所学校任教，甚至担任相同的教学任务，然而，三五年后教学水平显现出不同，十年八后年差异更大。这种状况是如何形成的？固然有天赋或性格因素存在，但更多的是经验和方法。现在，也许有人会关注“业余时间在干些什么”了。学生学力的差异，也多在“课外”形成，如习惯的养成，不完全靠课堂。学生的学习个性，多来自思考和行为方式，大量的课外时间有助于习惯的形成。

所以，学生要有“课外”，教师要有“业余”。学生没有“课外”，教师没有“业余”，学校也就不像学校。学生学习需要更大的天地，上课过多不利于发展学习兴趣。教师需要有智慧的教学，需要有正常人的生活。每每听到对教师“一心扑在教学上”“每天改作业到半夜”“从来没有星期天”等的表扬，我就很不理解：他没有“业余”，怎么可能提高自己？他不是思想者，不是学习者，也不是工匠，他只是个简单劳动力。

爱因斯坦在答《纽约时报》记者问时强调“负担过重必导致肤浅”（1952年10月5日，爱因斯坦应《纽约时报》教育编辑请求而发表的声明），他是指学生的学习负担。我思考他的话，想到其他职业也会出现类似的情况，特别是教师。现在中小学生负担重，教师的教学负担更重。这个情况究竟是怎样造成的，有关讨论往往没有触及问题深处。一个人不熟悉自己的工作状态，不了解自己的工作哪些是有价值的，哪些是毫无意义的，哪些是应当拒绝的，哪些是应当全力以赴或要用智慧去创造的，他就很难成为真正的内行。教师应当比一般劳动者更清楚自己的工作价值，因为教师是在“教”——教习惯、培养基本能力、教思维方法，如果教师连自己的工作状态都无法把握，他凭什么当教师？

目前教师工作负担过重，原因很多，最常见的是管理体制的“多头累积”——每个部门都认为有领导、指导教师工作的责任，各部门的计划最终全压在一线教师身上，几乎所有的事都要靠教师完成。历经几十年的精简机构，一些教育行政部门摊子反而变得庞大，学校办公楼的牌子也变多。有些临时性的工作也要设个办公室（一些办公室的名称甚至荒唐，恕不列举），增加编制或是从中小学借调教师。借调去的教师，两三年不回归；回归后业务也生疏了，或是不敢、不愿上课了。与此相对照的是，中小学校严重缺编，超工作量的教师过多，教学负担重，不利于业务发展。

编制紧，工作量重，干扰还特别多。我多次听中小学教师谈一星期的工作内容，很杂，突发的事也多，有教师戏言“只能抽空备课、改作业”。教育领导机构的各种视导、考评、检查、汇报、比赛，占去了许多原本可以用于业务进修的时间，甚至占用了可以休息的时间。骨干教师和一线教师最累，做事认真的教师更累。有校长抱怨，动不动搞评比，就是挑动各校竞争，学校争起来了，上一级管理部门相对就轻松一些。学校被引导参与竞争，白吃苦头的是学生和教师。学生在校学习，负担重，多吃点儿苦，至多也就是几年，可教师受的干扰则是没完没了，他们的职业理想就消耗在这无休止的折腾中了。

教育管理部门人员过多，容易没事找事，有些“工作”无意义、无价值（从前民间谓之“洗煤球”），折磨自己更折磨他人。老师们如果有工作记录，就可能发现，我们“贯彻”“执行”“完成”了多少傻事！现在，各学校几乎都有会“做材料”的老手，学校有专人负责应付上面的各项检查。我在一所学校曾看到整理出的各类汇报文件、资料，装满了办公室的两排书柜，全部分类编号，码放整齐，这得耗费多少人力、物力呀！过多的检查、指导、评比、汇报，是对学校和教师的不信任，把教师全当作好吃懒做、偷工减料的帮工，要经常去监督。这种风气目前愈演愈烈。教育界的浮躁风气，毒化了学校风气，也腐蚀了教师心灵。

可悲的是，一些教师也习惯了这种“关怀”和“养育”，把机灵劲儿全用到无聊的折腾上去了。比如，教师的文牍意识变强了。听说一些教师把市区各部门的会议通知、表扬名单、报纸报道、领导讲话等，凡是涉及个人姓名的，全都一一保留，装订成册，以之为“业绩”；学校的教学评估、毕业生表达感激的信，也裱糊复印，装订成册，以“备用”。最多的一次，看到某教师竟重达十几公斤的“职称申报材料”，我认为他可能并未“一心扑在教学上”，因为他把心思全用在这“精心制作”上了。教师把自己做过的事全记录下来，这得花费多少时间哪！而他的业余时间就在忙这些事？名利心让一些教师丧失了职业精神，自己给自己增加负担，当然不可能高飞。我因此认识到，一些教师负担过重，个人也要负责。毕竟受过专业教育，为什么不能主张个人的意见？为什么要受制于庸众？比如，家长干预教学，学校占用双休日安排补课，教师为什么不反对？究竟要不要遵守教学规章制度？如果唯命是从，教师就丧失了独立意志和自由精神，他就很难教出心灵健康的人。我认为，对违反规章制度、反常识的行为，教师有权拒绝。至于拒绝有什么后果，首先还是要从教育的意义去考虑，教师应当对职业品质负责。如果不敢拒绝，又接受了利诱，服从了，再来诉说“负担重”，不可能获得同情和理解。

工作负担过重，和部分教师自身的专业素养也有关系：同事之间，为“班级平均分”而竞争，个别教师违反备课组要求，每天给自己班的学生“加码”“开小灶”，给学生布置作业下手很重，根本不顾其他学科的教学安排；个别教师过于强势，造成任课教师争抢学生时间的恶性循环，败坏风气。我曾经问过一些学生：“每天要花将近一小时才能做完的数学作业，老师改不改？”学生说：“抽查，其余公布答案。不做和少做的同学要受罚，所以我们才抄作业。”过重的负担把学生的习惯逼坏了。在为学生制造过重作业负担的同时，教师的职业品质也败坏了。我也想指出，“教师没有业余”，有些是“自作自受”，应当反思。同样，也有些教师明明有“业余”，但是全用到了不该用的地方。

我认识的一位校长在谈到学校工作时说，她的原则就是保持学校的安静，减少折腾。但凡上级主管部门来视察、指导、检查，她都请求减少项目。老师们完成教学工作已经很不容易了，不要增加他们的工作时间，有什么批评意见，找领导班子谈。不要给老师压力，到学校视导不能随便批评老师，要体谅老师的辛劳。这位校长反对补课，反对增加课时，反对家长干预学校教学秩序，坚持正常办学。我听闻该校老师议论，收入虽然不高，但心情愉快，能正常上下班、正常休息，这比增加收入更重要。这个认识，值得老师们参考。

只要保持理性思考，只要能抵制诱惑，教师完全有能力给自己减负，保护自己的“业余”。

学校一定要有“特色”吗

教育界兴起的“特色”，弄得一些中小学校长日子颇不好过：学校因为“缺少特色”，在教育管理部门的各种评比中吃了亏，受到了批评或质疑，个别校长甚至因无力搞出“特色”而自卑，学校也被认定为“薄弱学校”。也有些学校，虽然“没有特色”，校长和教师恬然自安，不以为意。

所谓“特色”，在于不同于一般，人无我有，人有我强而已。学校不同于商业和手工业，基础教育之要义在“基础”和“普通”，同一标准，可“特”之处并不多。学校“特色”的形成，往往在于特殊的办学优势，在于长期的文化积累，在于独一无二的教育资源，在于高于一般的教学优势，在于长期锤炼而成的独特风格，等等。总而言之，一所学校要形成“特色”，总得有三五十年的持之以恒，至于能不能被社会认可，尚未可知。

谁承想，几年时间，中小学竟狂风暴雨式地“特色”起来，遍地“特色”，为“特色”而编造“特色”，而且，这些“特色”竟然还能变来变去！

教育界被“特色”折腾，官僚主义政绩观难辞其咎。很多分管官员未必懂教育，他们视察中小学校时只打听“特色”便足可证明。也许他们认为有“特色”才算是学校，才谈得上“创造性”。受官场浮躁之风影响，大批学校热衷制造“特色”，泛滥成灾，中小学正常的课程、正常的教育活动，也被包装出“特色”。“特色风”兴起之初，一般是学校发展了体育特长项目，或是开设了其他学校无条件开设的选修课，丰富了学生的课外生活，至于有没有形成真正意义上的“特色”，尚有待时间验证。但其后“特色风”大炽，一所学校说不出“特色”就得看领导摆脸色，就要在评比验收中吃亏，于是各种“特色”蜂起，滥竽其间：小学生写毛笔字算“特色”，会背诵乘法口诀、会背百首唐诗算“特色”，跳绳、踢毽子、拔河、打乒乓球、跑山地车等算“特色”，在操场上集体表演给爸爸妈妈洗脚算“特色”，穿上古代服装磕头祭孔算“特色”……当教育新闻充斥着这些光怪陆离的“特色”时，学校教育本该做什么，反而无人重视了。学校过于关注“特色”，就有可能忽略“基础”。皮之不存，毛将焉附？而追求所谓“特色”，不惜弄虚作假，势必扭曲常识，形成“反教育”。

如果家长有理性思考，可能会很担心孩子的成长：孩子从小学到中学，有可能在具有不同“特色”的学校就读，学科学习会遇上有各种“特色”的教师，要上五花八门的“特色课”。他经历了种种“特色”，被涂抹得失去本色，思维方法和世界观受了影响，今后会不会无法适应正常社会？——如果认为这些“特色”不会影响学生正常的思维、情感，那有没有“特色”岂不也无所谓？

以“创特色学校”作为行政指令，作为评价指标，危害极大。有学校斥巨资“打造特色”，有学校不得不请来专家，帮助总结提炼“特色”，有的以利用家长资源开设的活动性课程充数，有的甚至求“文化公司”帮助策划包装，总之，这个“特色”成了教育的行业病。然而，“特色”来得太快，“褪色”“变色”往往也用不了几天。至于某些学校以“特色”为保护色，行应试教育之实，更是等而下之。

在“教育”二字前冠以特色符号，称之“××教育”，2006年有专家做过统计，竟有近500种！豆腐和豆腐干，全国各地都有不同的制作方法，但都以“家常”面目出现，口味略有不同而已。不过，豆腐毕竟只是豆腐，即使有了500种豆腐，也不代表中国人就此可以不吃饭。

学校的“特色”不一定真的“特”，即使真“特”，也未必对学生的学习有什么不得了的作用；学校不一定非得有“特色”，只要遵守教育常识，遵循教育规律，就是合格的学校。

在学校，不要称学生为“孩子”

在学校，平时尽可能注意，不要称学生为“孩子”“小孩”。

可能是职业本能，可能是语言习惯，也可能是面对学生时的“下意识”，我不愿把学生称作“孩子”，包括小学生。我总说“我班上的学生”“这个学生我教过”“全班有50多个同学”……我对教师把学生称作“孩子”，特别对个别教师在教室里上课时称学生为“娃”特别不习惯，甚至有些反感。我郑重其事地劝中学同行改掉这个习惯，毕竟我们面对的是中学生。有一回受邀点评初中观摩课，把主要意见说过后，我谈起这个问题：为什么这八位老师上课时都称学生“孩子们”？说课环节也一口一个“孩子们”？为什么不称“同学们”？——听课教师，包括一些知名教师均面面相觑，也许觉得我对教育的认识有点儿生硬，甚至冷漠。每次和小学同行谈这个问题，总会引起更多的质疑或反驳。我曾劝说一位老师：你在这节公开课上一直称学生“孩子”，看来已经是习惯了，你任教20多年，是不是一直这样？这位老师说，的确没想过，她不觉得这样有什么不对；再说，大家不都这样吗？

针对我的困惑，一些老师也列举了前辈模范教师乃至教育家的事例，证明这样称学生为“孩子”并无大碍。

我有自己的思考。

为什么在学校不宜称学生为“孩子”？在学校，如果经常这样不称“学生”而称“孩子”，有可能让教师淡忘职业使命与责任。

有那么严重吗？

可能有。

那些从家庭走出来的孩子，进了学校，学校要让他们意识到，他们是来接受教育的，是来改变自己的；在这里，他们将开始不同于家庭教育的学习，他们将成为——人。在学校，他们接受教育，学知识，培养能力，学习思考，懂得许多人生道理。他们虽然年纪小，但能平等地受到尊重，也逐渐学会了尊重别人，明白了自己的权利和义务，当他们走出学校时，会觉得精神上长高了。

学龄前家庭教育的任务是“育儿”，而学校教育（特别是中学教育）的任务是“立人”——把学生当人，把学生当作有独立人格的人，而不是需要“监护”的孩子。家庭中父母和子女之间，不宜曰师曰弟子；学校是人格养成之所，只有“学生”和“教师”，在学校、在课堂称“孩子”，则错位。有相当一部分学生不愿被当作孩子，他们已经有鸿鹄之志，却被老师一口一个“孩子”喊得心灰意冷。这个年龄的学生，心里如果没有装进一些梦想，不敢思考一些大问题，不会有什么大出息。在欧洲的私立学校，教师有时竟称学生为“先生”，我从电影上看到，那往往是很郑重的提醒，提醒学生责任意识、人的意识。

教育的细节体现教育意识，受教育过程中逐渐形成的“底子”，影响人的一生。基础教育的人文起点，有可能决定人一生的精神高度。现时的教育非常重视“起跑线”，在地面竞逐，不惜像赛马、赛狗一样狂奔，也许是人忘记或是不屑于思想的飞翔，因为那没有终点。

幼儿园也不必称“孩子”，可以称“小朋友”。我上幼儿园时，记得最清楚的是老师喊我们“小朋友”。老师和同事说话，会说“等一会儿我把小朋友带过来”“我们班小朋友说有点儿冷”——我五岁时就被别人当作“小朋友”，至今记忆犹新。

读小学时，每次唱到“祖国的花朵”，我们这些小男生就别扭，我们不认为自己是花。直到好多年后，学生在教师节称老师是“园丁”，我仍感到职业性质被扭曲，虽然“园丁”是个不错的意象。我在课上问学生：“园丁的主要工具是什么？”所有的学生都做出修剪树枝的动作，表示在用一把大剪刀。“那么，你们愿意让我剪去什么吗？”学生们都笑起来。20世纪90年代初曾有部电视连续剧叫《十六岁的花季》，此后这个短语在社会上流行了好多年。有一次作文，一个学生写“我们处在十六岁的花季”。这是个男生，可能因为遗传，他才上高一就长出了络腮胡，我认为他以后将是张飞、鲁智深一类的猛汉，没想到他也不由自主地用了这个“花季”。我在课上读他作文，教室里先有人窃笑，然后大家都哄笑起来，因为这个“花”的形象就在面前。有了“人”的意识，志存高远，班上的女生都不想和这个“十六岁的花季”有什么联系，她们更愿意说“我是一棵树”。大家都意识到需要有合理、和谐的表达，不再想和“孩子”“花朵”有什么联系。

教师把十七八岁的学生称作“孩子”，或许是缺少“育人”的意识，或许是情感替换（我们不能庸俗地认作“投资”）导致错位，高中生、初中生在学习阶段被教师当作“孩子”，不利于教育的长远发展。

每每在生活中看到父母宠溺子女，上小学要接送，上中学也要接送，学校组织春游、秋游，每年不过一两次，家长也惴惴不安；上大学也送，负责拎行李；大学毕业，上班了，仍要操心。几十年来“培养接班人”，远远不止“扶上马送一程”，而是“一直陪”。生命不息，就永远、永远把子女当孩子。这样的家庭教育，给社会制造了无数困难，它成为社会风气后则是民族的危险所在。有鉴于此，学校教育不能丧失理性，必须牢记“人的教育”。

“母爱”与“爱”也不能画等号。爱学生，是教师的职业修养；把学生当作自己的孩子，把师生关系转变为亲情，或是在学校教育中以亲情渗透教学关系，则不妥。教师关心学生健康，关心他们的安全，是职责范围内的事，不是替代父母的责任。有些教师真的把自己当成学生的父母，过多地进入了学生的个人生活空间。教师关注学生未来的择业、婚姻甚至子女教育，我完全看不出有什么必要，虽然这些现象也常常被视为师德先进事迹。

学生有感恩之心，应该肯定，但教师不能有“施恩于人”的认识。教育学生是教师的职业责任，学生是接受教育的公民，把学生当作私产，让学生背负“报恩”意识，不符合现代社会伦常。我经常听到老教师说学生如何感恩，不但逢年过节，就在平时，也经常上门，嘘寒问暖，家中大小事都有学生帮忙，个别教师甚至有学生养老送终。我理解这些教师的感受，也尊重学生们的选择，我只是不希望这些成为教育常态。同理，学生视教师为“再生父母”也是落后意识。如果学生接受的是正确的教育，他的感恩，应当是对社会。在老师的教育下，成为一名遵纪守法的公民，一个有社会责任感、有创造精神、对工作兢兢业业、在生活中有仁爱之心的人，要比到老师家去“涌泉相报”更有价值。

不同的教师，对教育会有不同的认识。有老师说起，你说不要在学校称学生为“孩子”，苏霍姆林斯基不就称学生为“孩子”吗？对此我不能苟同。我不觉得有了“子曰诗云”或“苏霍姆林斯基如是说”，一名教师就只能放弃思考，况且环境有了变化，社会教育在进步，人们也会更加尊重教育常识。

当我们说“孩子”时，我们会想到爱；当我们称“学生”时，也许能更多地想到教育的责任。

在基本判断力的形成期要减少干扰

小学教育比中学教育难度大，要注意纷繁的社会现象对儿童思维情感的干扰。儿童处于基本判断力的形成期，比较脆弱，过多受社会现象干扰，会感到迷惑不安，会出现思维判断的困难。小学生能接受基本的是非观，是因为那些观念平易，符合儿童善良的天性；他不可能有成人的复杂和“机智”。从学前教育阶段开始，儿童受到的鼓励或规训，会成为他的“积累”：基本的“好”和“不好”，以及“对”和“错”，逐渐形成观念的“底子”，在生命过程中不断地验证、巩固和发展，进而影响一生。他自幼听童话故事，从“很久很久以前”，直到“从此他们过上了幸福的生活”，由此形成的美好情感及愿望，一点点融入生命长河，形成基本价值倾向。他在心里装进真善美，并期待在人世间经历美好的事。如果他仅仅能从童话故事里看到真善美，而在现实中只看到争抢和欺骗，甚至邪恶，那么这个孩子就会陷入无穷的困惑，进而迷乱，行为失据。

儿童教育有许多困难：书本上永远有美好故事，现实中则难免各种各样的纷扰。一名儿童从书本阅读中抬起眼，期待看到美丽的世界，这时，社会却告诫他千万不要同陌生人说话、警惕假冒伪劣商品、警惕劣质教辅、警惕学校的“毒跑道”、警惕电信诈骗、警惕不健康的电视节目、警惕谣言……他的手很小，他的思辨力极其有限，你要让他“警惕”那么多东西，他的心里怎么能放得进“信任”？他怎么可能勇敢地往前走？

社会究竟应当让儿童看到些什么？教育者不能回避这样的难题。当人们开始抱怨“儿童很难养成良好习惯”时，首先应当检讨、反思成人的所作所为，特别是“日常生活”中的各种小事。正是那些微不足道的“小事”在困扰儿童。家长在节日、纪念日随俗给幼儿园老师或小学老师送礼，被孩子发现，能否有合乎教育常识的解释？家长也许会说“大人之间的事，小孩不要多问”，可是，孩子明明知道“这件事与我有关”。——因为家长送了礼，老师对孩子变得和颜悦色，关照有加，孩子联系二者因果，自然对认知产生影响。家长给教师送礼这样的事实，童话里没有，教学中没有，现实生活中却随处可见，见到了又不能细问——确实不能问，因为成人无法回答。避免儿童发问，最好的办法，是成人社会杜绝恶俗。儿童看不到，也就不会破坏心目中的美好情感了。现今社会总是严肃地说“从娃娃抓起”，其实成人的“样子”才是祸根。中国社会在儿童教育方面，往往这样失之粗疏。过多的“不能问”“不能说”“不要想”，给儿童的情感和思维品质的培育造成困扰，而且大多数人仍然认不清这一点。有了这类经历，儿童心里开始有另外一块空间，专门用来存放那些“不能问”“不能说”的东西。空间里的堆积，逐渐形成重压，阳光被遮蔽，阴影区越来越大，正常的思维空间被挤压，心理负担增大，你让他怎么“健康成长”？

人格教养从童年、少年开始，人在这一阶段纵然有精神方面的一些欠缺，成年后也可以逐步弥补，但已经失去了发育、发展的最佳时机。良好的思维品质能让一个人最大限度地获取知识和能力，享受人生；一个人如果在童年留下过多的困惑，或是被逼掩饰真实的内心，形成双重（或多重）人格，那么长大后会展现出不可思议的复杂。“精明”和“聪明”不是一回事。

必须让儿童在正常环境下生活！

社会在忧虑诸种“儿童不宜”时，能不能有一种对人的未来负责的态度，而不要停留在口头？现今常常看到自相矛盾的现象：成人社会什么都能承受、包容，却毫不考虑儿童成长的权益。曾有小学生诉说自己的苦恼：学校广播操比赛，他看到其他班做操整齐认真，情不自禁地使劲儿鼓掌，可是同学们认为他不该为别人鼓掌，老师也粗俗，随口说了一句“吃里爬外”，他一直不明白自己究竟错在哪里。中学评“文明班级”，有个学生评委认为自己的班级存在许多问题，不够格，没投自己班的票，老师和同学都认为他“缺乏集体观念”，期末评“三好生”，他的得票率大幅下降。——在这种“集体主义”的压力下，客观公正、公平正义，甚至法制、规则都要让步；被这种“集体文化”熏染，且不说价值观，基本判断力也会混乱，“个性”荡然无存，道德瑕疵日积月累，人群日益庸俗化。一名小学生没有能力与“集体”对立，即使他的观点是正确的。要培育儿童的“集体”观念，也必须告知儿童，“集体”也会犯错误。“集体”的错误，每个成员都负有自己的一份责任。

现在，除了课业负担重，学校组织的活动也很多，这些活动会不会影响学生的认知？会不会干扰学生对常识的接受？会不会损害学生的身心健康？学校和教师都要反思。媒体热衷报道中小学有新闻效应的活动，比如“扶助贫困生”“孝敬父母”等，遗憾的是，缺乏教育常识的媒体往往不遗余力地伤害教育。为保护学生的尊严，“扶助贫困生”不宜公开扶助对象的形象和姓名，这个问题早在20多年前就被提出了，可至今一些学校和媒体仍然置若罔闻。曾有学生回忆当众接受捐赠被电视台播出的难堪，因为捐助活动是学校组织的，他不能拒绝。几百元钱的帮助让一名小学生感到自尊受到伤害，久久不能释怀。义务教育阶段，学生的认知能力有限，他会认为，学校组织的活动，是代表社会和国家对他进行的“教育”，他必须服从。比如，常有学校组织学生在操场上集体给父母跪拜、洗脚（各地屡见不鲜，谓之“感恩教育”），操场上同时摆出五六百对椅凳和洗脚盆，让小学生（或初中生）给父母洗脚。镜头从教学楼上俯拍，场面可谓“壮观得庸俗”，报纸、网络竞相报道、传播。——得有多愚蠢的脑袋，才能设计出那样的“教育活动”？设计者只考虑“轰动”和“煽情”，没想到那是对学生的情感伤害：小学生或初中生的父母一般40岁左右，有劳动能力也有生活自理能力，他们也从来没有当众洗脚的习惯，会认为那是个人隐私；当孩子要求他们“配合学校活动”时，他们不敢为难孩子，于是不得不被学校挟持到操场上，在大庭广众面前表演“被洗脚”。如此粗俗之举，却被认为是精心的“道德教育设计”，甚至成为“学校传统德育活动”。“感恩教育”是不是只有这类低级庸俗的做法？这种没有尊严、丧失心智的“教育”，能培育正常的思维情感吗？

学校迎接上级或相关部门的“检查”“验收”，教师被要求“统一口径”，学生被教育“按学校和老师的要求说”，那种弄虚作假，只要经历几次，学生就会明白：这种场合不能说真话。——教育管理者有没有想到，这已经不是“教育”而是“反教育”了？这是对人的精神和思想的贬低，是对人正常情感的侮辱。从严格的法治意义而言，这已经是犯罪；即使学校此前在教学上做了很多工作，也要因此一笔勾销。因为学校不但把学生的思维搞乱了，毁了学生的道德观和信仰，还诱导未成年人作伪，藐视社会规则。

小学阶段，科任教师或班主任对学生缺乏研究，常常对“不服从的”“脑瓜灵光的”学生表示头疼，而这些小学生也会谨慎地与老师保持一点儿距离。保持距离是为了避免受伤害，在他们的内心深处，可能已有一块“不能问”“不能说”“不要想”的禁区，这块禁区阻隔了他们与外部世界的正常接触。同样，教师也会发现另一种隐患，即儿童过多接触成长中的负面现象，会变得不再困惑与好奇，而视之为生活常态与人生必然，他们会认为“社会就是这个样”“这就是真实”。——经历这样的童年，是非、黑白、善恶不再泾渭分明，甚至一切以自我为中心，那就不是思维能力有问题，而是“道德底子”被污染了。

小学教育目前面临着这样的困境：“教”得太多，“灌”得太多，

“做”得太多，而且不一定对；“想”得又太少，特别是自由思想被禁锢。小学生忙于学校安排的各种“活动”，没有时间思考和交流。他们很难听到“不同意见”，时间长了，自然也就很难形成个人的思考和判断。没有“个人见解”，没有自我意志，教育也会因此成为无意义的时光消磨。

什么样的学校最理想

临近升学季，很多家长都在为择校焦虑。回答家长的询问往往很难。比如，许多家长关心的是“这所学校抓得紧不紧”——告诉他们“抓得紧”，以为他们就能放心了，他们又会担心“作业多”；告诉他们这所学校“作业负担不重”，他们又会担心“负担不重”就是“抓得不紧”……我接触的家长，常有这样没完没了的焦虑。我理解他们的焦虑，这是“想赢”和“输不起”的矛盾。择校应当考虑哪些因素，如何权衡，是家长面前的难题。我们当然希望不存在择校的矛盾，但如果有选择机会而放弃，似乎也说不过去。目前大多数家庭只有一个孩子，大家都想让子女接受优质教育，上理想的学校，这是人之常情。

那么，什么样的学校才算是理想的学校呢？

遵守教育常识、按规律办学、“把学生当人对待”的学校，是理想的学校。学校严格遵守教育法规，是学生健康成长的首要保障。坚持按规律教学，不吹牛浮夸，不折腾，能保护学生安静地学习，即使不得不考虑提高升学率，也能守住底线，尊重学生人格，不损害学生身心健康，这样的学校，可以算比较合适的学校。学生在这样的学校里，能看到值得尊敬的人和事，能获得教养和智慧，同时能找到一生的朋友。

时下一些学校和教师为“创名牌”，想方设法给学生家长灌输“成功学”，蔑视教育法规，不择手段地追求升学率，靠加重学生负担掩盖教学能力的不足，牺牲学生健康以换取文化课考试成绩，公然在教学中鼓吹“丛林法则”，把教育扭曲成一场你死我活的残酷争斗，等等。这些不良行为，败坏了教育的声誉，污染了社会风气，更值得警惕的是，会破坏学生对“教育”的敬重，给学生宝贵的童年、少年和青春留下辛酸和痛苦。如果在选择学校时不考虑这类因素，孩子在今后的人生中不管“成功”与否，都会留下不堪回首的一页。—— 一个家庭只有一两个孩子，如果孩子上的是违反教育常识的学校，先尝到苦果的必然是家庭。

适合孩子就读的学校，才算比较理想的学校。学校的升学率不能不考虑，可是更为重要的是孩子的身心健康和愿望。孩子是什么样的状态，适应性强不强，心理承受能力如何，有没有个人的意愿，家长更应当考虑，因为是孩子去读书，而不是家长去读书，择校不是为家长的面子。有择校风气以来，乱象丛生，大多数家长有从众心理，不考虑孩子的学习状态，盲目地攀比。大家都争着上A校，自家孩子也得想法子上A校，至于孩子是否适应A校的教学，则完全不考虑。这样择校造成的后果，最终要由孩子承受，很不公平。有些因素也被家长忽略了。在大城市，“小升初”的择校，要考虑“就近”原则，孩子往返可以节约比较多的时间，休息有保证，未必要舍近求远。近年“租房上学”的现象很普遍，三年初中都要住在一个“不像家”的地方，孩子的生活、学习、心理会不会有所失？更不用说这种选择存在许多不确定因素。我不止一次地听家长抱怨，因为贪图让孩子读名校，结果“择了校却没法择班”，孩子遇上几个无法接受、无法适应的教师，情绪低落，进退两难，他们后悔莫及。

家长在择校时，还须注意不要超越家庭经济能力，虽然为了孩子可以“不惜一切代价”，但客观上会给孩子造成巨大的精神压力。许多家长虽然放言不求孩子用成绩回报，一切只是为了爱，可是也要看到孩子在成长，你埋藏在内心的期望，他不可能一点儿感觉都没有。而当他一时无法报答这种爱的时候，他的内心会不平静，会出现新的矛盾。家长不如给他一个正常的环境，让他可以没有任何精神负担地学习，说不定他能高飞。

基础教育中的择校矛盾困扰了很多家庭，目前社会还没有条件彻底解决矛盾，这个难题也许会长期存在。现今家长能做的，是尽可能地克服焦躁情绪，和教师一道，学习并遵守常识。我在工作中，发现很多家庭在升学问题上一直尊重孩子的选择，而不是包办代替，毕竟这是孩子自己的事，应当让他们从小就有思考和选择的机会。我观察过这些学生，他们在学习上不一定是出类拔萃之辈，但有个人意志，有选择判断的能力，有自信心，有比一般学生更强的克服困难的能力。

如果真的有什么“起跑线”的话，也许指的是家庭文明教养水平。给孩子一个充满亲情、富有理性和学习智慧的家庭，远比追求学校的牌子或“排名”重要。

如果想走，不妨悄悄地走

有学生干部找到我，反映学校管理保守，指责学校不支持他们想办的“31公里夜间步行”活动，问我的态度。我是退休教师，不了解情况，也不宜对学校事务妄加评议，但不回答不礼貌。我看得出，部分学生干部非常希望能举办这个活动，渴望能暂时摆脱单调的应试做题，渴望测试一下自己的组织能力。十多年前，学校曾风风火火地举办过“31公里夜间步行”（据说是从日本又经省内名校辗转传来的），鼓动学生参加，仪式盛大隆重，学生宣誓，校长授旗，媒体争相采访，警察护驾……次日学生入城，零零散散，逶迤几公里，增援的交警、保安在各个路口维持秩序，保证学生安全。正值早上交通高峰，市民怨声载道，教师和家长则提心吊胆，唯恐出事。虽然始作俑者是学校行政部门，但随着安全隐患的出现，加之部分家长的疑虑，此活动遂偃旗息鼓。然而，任何违背常识的教育行为都会对学生产生影响，学校风头出过了，没想到后几届的学生干部在繁重的应试压力下，也希望同样“热闹一下”。矛盾就这样出现了。

中学生，走几十公里路，也要讲排场、搞仪式，想制造轰动效应，要上电视、登报，也想让市民围观，这些，是谁教他们的?

其实，这样的“31公里夜间步行”活动根本不算什么，国外一些学校还有真正严酷的“野外生存”“荒岛求生”活动呢。可这样的活动，我们这边就没有学校敢学了。当年老师们之所以批评学校“作秀”，认为这是欺世盗名，除了因为校方不遗余力地邀请媒体报道、设计各种繁复可笑的仪式之外，更因为当时校方悄悄把课表上每周的体育课减去了一节。形式主义的“素质教育”败坏了教育的品质，也愚弄了学生。值得注意的是，主管部门没有干预，相当多的家长、学生并没有因为学校每周减去一节体育课而抗议，社会也像没有注意到二者自相矛盾一样。

对夜间步行活动中暴露出的诸多问题，学生有过批评；治安状况、家长素养也令校方恐惧，如果出了安全事故，校方可能就不那么轻松了。此后教育界新花样层出不穷，社会已懒得关注，加之家长担惊受怕，于是，学校决定不再举办夜间步行活动。没想到部分学生干部渴望体验被媒体簇拥采访和“上镜”之感，热衷“活动积分”与“历练”，校园遂安静不下来。

学生干部期待我的支持。我只能实话实说。

我劝学生，如果你们渴望步行，不必搞什么活动，平时上学、放学，不要家里接送，早起上学步行，放学回家也步行，不是很好吗？既锻炼了身体，又让家里省心。你们想走，抬腿就能走。或不声不响、悄悄地走，或和志同道合的朋友一同走，谁能拦住你们？到近郊大道上去走，人少车少，没有干扰，空气也好。可以选择周末或假期自行活动，不去找家教补课，不去上什么辅导班、提高班，就散步去，何必非要校方组织？如果你们真的认为有能力走上几十公里的话。

奇怪的是，学生干部固执地希望学校来安排“有规模的”活动并提供各种方便，然后由他们“出面主持”，当然，还必须在人多的地方走；没有人看到，也就没有“社会影响力”了。这就让我感到无话可说。

为什么会这样？其实，老师们也因此为难，说，虽然学生会各部的“正副部长”均由学生担任，但具体事务及安全保护工作，还得由教职工奔波忙碌，而且要负责任。

学生干部仍然对学校放弃夜间步行计划耿耿于怀，我于是再次出计：既然你们认为组织步行活动功亏一篑，仍想“锻炼自己、提高能力”，能不能做些力所能及、既有意义又安全稳当的事？比如，组织校内劳动？学校里可以干的事太多啦！校园的绿化、教学楼的保洁、食堂的卫生、操场的维护，到处都是事……你们目前接受的只是应试教学，暂时没有启蒙社会的能力，果真想认认真真做点儿事的话，最好从身边小事做起。

校园里无事可做吗？当然不是，只不过这些事不太可能产生轰动效应，往往就被忽视了。这是教育的缺失。如果学生热衷在热闹处表演，那就不再是简单的受浮躁之风影响，而有可能在思想上走向庸俗、虚伪。校园的这种不良风气和社会环境相关，学生干部要带好头，抵制不良风气。当然，应当看到，大多数学生对这类问题还是有正确判断的。

学校和教师要引导学生关注社会，更要引导他们关注教育本身，引导他们“想大问题，做小事情”，从身边的事想起、做起。比如，早上和晚上，对学校门口的交通状况有没有观察和分析？可能造成安全问题的隐患有哪些？校园自行车的放置能否自觉遵守校规？体育活动的安排、食堂就餐的秩序、图书馆的管理、教学楼的卫生、布告栏的清洁等事，学生干部要能看到，要去干预。

还有，既然你们这么积极地搞夜间步行活动，每天的课间操为什么不能好好做？学校的课间操，副校长、学生处主任、年级组长、班主任都要悉数到场监督，还要几十个学生评分员前后观察、打分，已经有20多年了，学生为什么不能自觉地做操？每一届有那么多“学生领袖”，每个班有三分之一以上的“三好学生”，有成批“有影响力的标兵”，学生中90%以上是共青团员，做操却仍然需要大批教师压阵监督，这岂不是笑话？十七八岁了，连个课间操也要别人监督，以后走出校门又能做什么事？

旧说“一屋不扫，何以扫天下”，那个陈蕃不是没有扫一屋的能力，只是他那时总在想“扫天下”的大事。被父执吆喝一下，也许就能想通“扫一屋”与“扫天下”没有矛盾。那时候没有虚应故事的媒体，没有假大空风行的环境，他读书多，能独立思考，坏风气影响不了他。

我们的学校，不要引导学生热衷那些热火朝天、为声名鼓噪的活动，要引导他们安静下来，先把该做的事做好，特别是校园里那些看似不起眼的小事。

小学何须比“选修”

媒体炒作“学霸”“状元”和各种励志故事以博读者眼球，且不说其评价标准的扭曲，单看对高等教育或国外名校的种种无知评论，就能知道：一些记者、编辑不但缺乏责任感，也缺乏常识。然而，这类文章竟能大模大样地出现在权威报刊上，凭借其强势宣传，传播错误观念，给学校教育造成了很难挽回的后果。

正因为强势宣传，基层学校的办学往往也就无力自主，一线教师也常常束手无策。在一所小学观摩，有老师说，最近很累，“区里有新精神”，要求每所学校的选修课不得少于30门，教师工作负担又加重了。一所小学开30门选修课，这还算有点儿分寸的。有个教育局局长在外听到某小学开设的选修课达到200门后，回来便召集全区小学校长开会，说“形势逼人，坐不住了”，要立即行动，“一个月拿出方案，两个月准备，下学期就开起来”。这样急促地“贯彻”，超出了学校的办学实力。学校编制不足，早已捉襟见肘，教师疲于奔命，怎能再开出两门“选修课”？只好滥竽充数了事。这样的“选修课”能有什么意义？校长只得说：“混过这一轮检查再说。”

几十年前干部有些套话，现在看，蛮有趣的，比如“形势喜人”“形势逼人”，从上到下都这么说，公社社员也会说。但当时人们说话往往言不由衷，可现在课程标准已经要求“批判性思维”了，怎么还有那么多人不动脑子？

“形势喜人”“形势逼人”也就算了，“形势吓人”则不行。创新不能背离常识，宣传不能太离谱。一所小学开设200门选修课，也许有特殊背景，还要看办学条件，有些选修课尚不成熟，并非真正意义上的“选修”，不一定有推广价值。总之，听者不要冲动，要防止头脑发热。那200门彼此不交叉的选修课的名称是什么？那些课程有没有经过论证和实践？我想象力有限，只能这样提出疑问，无法做进一步猜想。

我不守旧，但我认为不能把明天有可能做的事全挪到今天来比拼，我同样反对介绍和推广不成熟的试验。教训太深刻了。这样一想，我的思绪就回到了我经历过的1958年。我的疑惑在于：这样违背规律地随意宣传，会不会在小学就败坏了“选修”这个词，让学生不把“选修课”当成“课”？

有所学校曾吹嘘高中部开了145门选修课。因为校长不太懂教学，我提出能不能列出课程清单并请外校教师来观摩这145门课。不能由着校长吹嘘，因为最终会害了教师，更害了学生。有人不以为然，说：“何必和人家作对呢？”——后来才知道，这所学校的一大半“选修课”不但没有教材，连教学大纲也没有，一些“选修课”的总课时只有六节。同时，该校竟把“各年级各学科不同层次的补习”全列为“选修”，弄虚作假，几近丧心病狂。

因为折腾的时间长了，回归常识的路可能变得遥远，只是如此不负责任，给学生思想认识造成的损失难以弥补。当然，也存在另一种可能：闹得沸反盈天的事，说不定一下子就能“归零”，本来就像是起哄，一哄而起的，也会一哄而散。比如，如果那个头脑简单、认为“形势逼人，坐不住了”的局长二次外出考察，看到发达地区的学校清静无为，凡事都做减法，看到学校清清爽爽，学生身体健硕，他会觉得“风向又转了”；或是听到上级视察讲话，明确反对折腾，于是立刻改邪归正，及时刹车转向，重新布置；还有一种不好的结果，就是他本人调离或因其他事失意，那么他“亲自抓的项目”也会戛然而止。

学校所有的创新设计、所有的课程建设创意，都应当是教师在教学实践中经过长期思考和摸索，一点点地形成的“自觉”。如果教师不受名利的诱惑与外部的干扰，久之将其渐化为个人的文化追求，庶几能蹚出一条路。因外部介入而成功，可能比较短暂，作用也很有限。

“每个人都有自己的个人课程”，理论上说，是可能的。比如，中学阶段，学生认认真真地上过三五门选修课，参加过两个社团的活动，并有时间观摩其他同学的活动，就非常好；小学生“每个学期上五六门选修课”，可能就会成笑话。

很奇怪，学校之间的“比、学、赶、帮、超……”热火朝天，怎么没有人比一比规范办学？比如，课外作业时间不超过半小时，能保证九个小时睡眠，每天体育锻炼一小时以上，每天能有足够的户外活动时间，有时间交朋友，课外有自由阅读时间，读书多，有良好的生活习惯，能保持自由的兴趣爱好，处理问题能力强……这些，是可能做到，也可以比一比的，不知教育行政部门有没有兴趣。

我在教室里自由地想

小学生每天在教室里有多少小时？一星期共计要在教室里待多少小时？一学期在教室里又有多少小时？教室，是他仅次于家庭的空间，而在家里，他的大部分时间是在睡觉。我细想便感到吃惊，进而觉得单调枯燥。我当年读小学是什么感受，有点儿记不清了。那几年我在读小学，才上到第三节就饿得头昏眼花。那时物资严重缺乏，纸张、铅笔的质量也不好，好在作业少，一门课一学期顶多用两本作业本。

对于小学生活，我现在的第一记忆，或最常想起的情景，是我坐在教室里想。

是的，我一直在想，自由地想。

我依稀记得，小学时代，我可能一度被老师当作落后学生，否则不至于到了四年级才被批准入少先队。估计老师认为我心不在焉，因为我的思想总是会游移，特别是当老师重复讲同样的内容时，我的神情可能会自然地表示“我已经懂了”，而缺少渴望求知的表情。在小学五年级时，能按老师的模式说出下一篇课文的“基本内容”和“基本思想”，我就觉得我已经会了，不需要学了。我满足于数学测验得90分，我错的那一两道小题，并不是我不会，而是我忘记了检查一遍。那时我总在等待下课，好像特别爱想课堂以外的东西。

我在想，想画面。读唐诗百首时，脑海中能根据文字出现图景，能从古画上揣摩画家的性情，这些倒还有道理可说。我还会揣摩对面过来的这个人可能是做什么营生的，揣摩雷锋日记上的字为什么大幅度地朝一边斜，老师为什么不纠正他。我还认为数学老师对家境贫困的同学不礼貌，甚至会怀疑班主任在中队会上说的不是真心话。——这对一个小学生而言，是多么危险的事！这比爬树上墙、下河摸鱼、砸碎玻璃危险多了。

想，总比不爱想、不敢想要好。我觉得老师表扬的个别同学有点儿傻头傻脑，他们坐在那里自觉地用小本子记下老师的话，好像非常认真，其实老师讲的就是很一般的话，没有必要记。（当然，如果老师盯着我看，我有时也得装模作样在本子上写几个字。）当个让老师省心的学生真不是简单的事。后来我当老师，常常下意识地观察，看教室里有没有我小时候的影子。

讲课时，有学生看着我微笑，连我讲比较枯燥的内容时仍然在微笑，我就知道：他在想自个儿感到愉悦的事呢，他的心已经飞得很高很远，他的“浪漫主义遐想”让狭小的教室变得宽阔。因为他在想，光，照进来了！

每次我把自己的判断说出来，教室里总是哄堂大笑，好多学生不得不狼狈地点头称是。什么“专心致志”“一心一意”“全神贯注”“目不转睛”，多累呀，骗谁呢。

学生在课堂上开开小差，很正常。人的注意力不可能持续太长时间，不能要求学生一刻也不分神，我也不相信教师讲的每一句话都那么重要。如果教师讲的每句话都必须记住，那学生只能充当一个记忆存储器。我在培训中谈到这个问题时会停下来，问老师们：“你们在刚才这一小时里，真的没有分过神吗？你们想到的事和我说的内容真的有关？”——会场上也是一阵笑声。是啊，无论教师在课堂上如何郑重其事地讲，学生也需要通过“思想”才能记忆，而这一思想会是自由的、游移的、发散的……这些，完全可能是有价值的思考，并在联想、迁移中，转而变为诗和逻辑。

为什么要恪守那些一成不变的教条？为什么妄想禁止学生的“想”？学校为什么对“自由”那样恐惧？在各种思潮汇聚的社会中，教育不可能置身局外。阳光普照大地万物，教师教学很难撑一伞以遮天。这个社会，这个时代，有许多美好的事物值得学生去认识，不接触就不会形成认知和判断，学校管理者和教师不要总是去想“防微杜渐”。这个世界不可怕，可怕的是学校用所谓的教育扎起的牢笼、挖下的壕堑。

小学生应当有比较多的自由支配的时间，那是童年应有的生命节奏，他应当有辽阔的精神空间，那是他舒展思想、孕育创造力的天地。没有自由的思想就不可能孕育创新精神，就不可能建立新的世界。旧有的藩篱如铜墙铁壁般坚固无比，即使有种子萌芽，它也无法生长，去迎接阳光。学校没有自由思想的空气，学生在生命最富有想象力的年华，却要为考试分数焦虑，这简直像点燃最可贵的青春去寻找一个钱包，而不是以此烛照生命和世界。

III

课堂的常识之光

如果教师比学生能想、敢想，学生的思想就能没有边界。

引导学生关注思维方法

“学知识”“学文化”“知识就是力量”，在相当长的时期内，一直是流行的教育用语，学校和教师把“传授知识”当作天经地义的教学任务。现在，以应试为目的的教学在中学大行其道，但“学方法”和“发展思维”的观念毕竟已经走进教育，课改虽有诸多不尽如人意之处，至少对质疑旧式课堂的灌输模式，起到了一定的开蒙作用。

课堂要更多地引导学生关注常识的来历。近60年前我上小学，就有《常识》课本。“常识”是从哪里来的？是无数的人，在漫长的岁月中，去了解和认识自然，认识社会，努力探索，经历各种挫折和失败，以教训和经验积累而形成的，是人类的生存法则和智慧。在绝大多数情况下，遵循常识，能够少犯错误、少走弯路，从而节省大量的人力、物力和精力。学习并掌握常识、依据常识办事成为明智的选择。不管你有多高的学养，在实践中也不要离开常识。“已经成为定理、定律和公理的，你试着做一遍，想明白就可以了。”——老师这样告诉我们。如果我们“不相信”，有“试一试”的兴趣，最后会发现，老师说的有道理；然而这样的尝试并非多余，多次质疑和尝试，让我们对“常识”更加信服。遵守常识重要，认识、了解常识的过程同样重要。教师要容忍学生（特别是儿童）对常识质疑，教育需要有这样的实践过程。

要引导学生关注他人经验的形成过程，借鉴他人经验，不断地完善自己的思维。上课究竟学什么？所有的教科书都应当是例子和范式，学生通过这些例子和范式，学到方法，发展自己的思维。

除此以外，他在课堂上获得的一切，都需要在实际生活中检验。课堂学习，使学生得以认识常识并拓宽视野，使他们不仅能够巩固学到的“知识”“能力”，更重要的，是通过学习领悟到：学科之间，思维有相通之处，学校之外有更大的学校，任课教师之外有更多的教师，同时有无数值得交往的同学，必须“向所有可能有智慧的人学习”。特别重要的是，善于发现他人思考的价值，从中获得启迪。这样，走出课堂之后，学习仍在继续，思维仍在发展，人，就是这样变聪明的。

我在教学中注意到，那些童年与少年时爱读书、视野宽阔、兴趣广泛的学生，虽然对付考试未必有优势，但始终能保持学习的热情。他们的知识背景，让他们在学习中触类旁通。这些学生，往往不太关注传统的课堂教学方式——他们早在开学时就把一本教科书全看过，已是胸中有数了，除非教师在课堂上举例，延伸，旁征博引，他们才会有兴趣，因为那些内容书上没有，也因为那些新鲜的信息会引发他们对问题的深入思考。

20世纪80年代，大型集装箱运输技术进入中国，引起学生的关注。他们关注的是：在载重量相同的情况下，使用集装箱运输，效率是不是真能提高？思考的方法多种多样，还有学生做模板推演实验，证明散货运输换成集装箱效率高。记得最有趣的是一名学生说，“资本家是绝对要算计好才肯干的”“资本家会遵守赚钱的常识”。他们的讨论是由读报而引发的，这个问题和“语文”有关系吗？有。学生的思考和表达都得依靠语文，而他们也因此会认为“学习在一切有可能的地方发生”。也是在那一段时间，有文章介绍德国一所大学放弃建造食堂的计划，通过银行把资金贷给周边居民，开了几十家小餐厅。为什么会有这样的决策？我至今记得学生的惊讶表情。但最后所有的学生都认为那是个绝顶聪明的“设计”——节省了学校土地，分散了就餐人流，满足了学生的不同需求，提升了当地的就业率，保护了环境……为什么一些地方政府常常做吃力不讨好的事？往往就因为思路狭窄，没有远见而只知包办代替。30多年过去了，我个人对这类问题又有了新的认识，诸如工匠文化和商业文化对民族精神的影响，如何培养统筹能力和远见卓识，等等，都可以进入中学课堂。如果改革开放能早十年二十年，教育观念会比较先进，教学的改革也不致像现在这样吃力，我们一代人的思想将会富有创造力，和世界发达国家的文明差距会缩小。

教师教学中要引导学生关注好习惯和好的思维案例。各科教师教学，都应启发学生变换思考角度，全面地思考和分析问题。好的思维习惯不可能仅仅靠一个学科的教学完成，每个学科都应当重视学生思维习惯的培育。

“打破常规”并非反常识。如果规矩束缚了人的思维，遏制了人的创造力，我们必须关注：我们的思路是不是可以转换，能不能另辟蹊径。我在高中作文教学中，曾和学生讨论过：对于“做”有时是为了“不做”，而“不做”也有可能是最好的选择，能否举出一些有关的例证？学生说得比较多的，是不必要的建设、烦琐的清规戒律、医院的过度治疗、频繁的测验、“开卷不一定有益”，等等。学生对这类有挑战性的话题比较感兴趣，在讨论中也会比较注意那些独特见解，比如，“放弃往往比努力更需要勇气”“放弃有时比获取更能展现智慧”。在那个年代，就有学生对医院的过度治疗有不同看法，他们从自己患病就诊的经历说起，对兴师动众地小病大治不以为然。他们会拿《扁鹊见蔡桓公》中的“医之好治不病以为功”为证，认为蔡桓公时代，肯定有无事生非、小病大治的医生，否则蔡桓公也不至于那样麻痹大意。

同样，他们会比较实际地观察历史和社会现象，看到个人智慧受制于社会的落后文化，看到每个时代都有大批被落后文化埋没的天才，看到社会的愚昧野蛮，看到人的智慧有可能被大量地浪费。这些，从反面激发他们对问题的全面思考。

我不清楚学生能否记住我那些意在“打底子”的教学。在应试教育的压迫下，他们不得不记住一些“有用”的东西，比如答题程序和投机取巧的路子，而对“底子”未必有兴趣。我曾带过一个班，体育方面并没有其他班那样的优势，但每次运动会，都能有不错的成绩。计算成绩是靠“总分”，我注意到这些初中生能有不同见解，他们认为“全员参与，合理报名”更重要，其中就有“田忌赛马”式的考虑。学科考试也得有智慧：不就是要“分”吗？有学生平时难题做得少，乃出于他自己的习惯和经验，即“实在不会做就不必浪费时间”，检查细一些，在“旮旮旯旯的地方”留心不要丢分，三分两分，找出几处，聚在一起，和做出难题、大题得分差不多。当然，这类思维当年还只是用于对付考试和竞赛。

毕竟人在变聪明。有学生在随笔中谈到：一晚上做好或“想透”一件事，比一晚上花同样的时间做三门学科作业效率要高。学生在日常生活中，同样能获得许多经验，比如，“如果人多，有些展览也可以倒过来看或是选择展室看”，在那里排长队未必合算；体育课规定的800米测验，“我把800米分为10个‘80米’，这样我心理上就轻松很多”。我后来想到：这样的思考，在今后工作中有可能产生更大的效益，远非好大喜功的人所能想到。教育所要教会学生的，无非是这些。

要警惕错误的教学败坏学生的思维品质。目前，学校教育中有许多教师没法解释的现象，教师无法解释，学生未必不思考。比如，近年流行的“高效课堂”作用究竟如何？按一般思维逻辑，既然“高效”了，就可以少上几节课，让学生自由学习、开展活动，可是，那些高喊“高效课堂”的学校，把节省下来的时间用到哪儿去了呢？他们的课表仍然排得满满的，主要学科的课时仍然远超部颁标准，咄咄怪事。学生从这类现象中能获得什么信息？他会认为一切都是假的，可以说一套做一套；会认为学校教育行为荒谬，会认为教师愚蠢……

教师的教学过程，对学生的心理会有引导和暗示。一些看似正确的引导，有可能忽略学生的个体特征，忽略情境，对学生思维的形成产生负面影响。教师的教学过程不宜片面地追求简明统一，要启发学生从略微复杂的教学中比较、判断，形成个人思考。目前基础教育中最麻烦的，莫过于教育教学行为违背常识，用极端手段强制或以利益引诱学生学习。一些教师除了中考、高考成绩，没有其他追求，过于庸俗的学习观和功利态度传染给学生，学生的学习品质因之被破坏。

教育教学所有的努力，最终都指向“人”，人应当从教育中获得全面的发展。如果学生不能从中小学教育中发现思考的价值，获得智慧和快乐，而把学习视为苦难行军，是教育的失败。这样的事正在发生，教育者要对这类现象做理性反思。目前的应试教育究竟对人的发展有哪些危害？观察学生的行为习惯，可以发现，应试教学主要败坏的是学生的思维品质。一系列的教学模式和考试模式，让学生的学习追求分数，想方设法走“捷径”，力图缩短过程，让他们“不知不觉”地消解了趣味；应试教学总是强调“高效”，学生靠大量的“重复”以强记，没有徘徊与反复，没有判断与聚合，来不及消化和吸收；训练学生猜测、揣摩评价者的心理标准，进而“迎合”，希冀同一，不敢背离……长期应试学习中形成的这类心理习惯，在今后有可能发展为应付敷衍、明哲保身的人格。当今社会文化生活中，我们可以看到一些有文凭的人奉行平庸哲学，安于“但求无过”的人生，追根溯源，不能不看到他们学生时代所受教育的品质。

要了解学生的“想”

课堂上学生最重要的活动，是“想”；教师的教学，目的也在于激发、引导学生去“想”。教师应当了解学生在想些什么，否则他的教学很可能是盲目的。在小学低年级教学中，这个问题可能特别值得探究。儿童在想些什么？他们对世界有哪些疑问？他们会不会、有没有能力把自己的困惑全都作为问题提出来？……和小学老师交流时，我常常忍不住要请教这类问题，我对儿童的思维方式与认知过程充满好奇。——我们都是从那个年龄走过来的，但有些过程被淡忘了，于是我们在课堂上会遇到各种各样的困难。

有一则欧洲的幽默，很有趣。孩子从外面跑回家，告诉父母：“刚才街上有匹马倒下了，人们都在喊‘找兽医！快去找兽医！’后来，兽医来了，可是，兽医是个人！”——此前孩子为什么会认为“兽医不是人”？可能是他没接触过兽医，也可能是童话读多了，以为马生了病会有“马医生”，鱼生病得找“鱼医生”，他就是这样类推的。我不得不惊叹：在发现“兽医是个人”之前，这孩子的世界多么奇特美妙！我竭力推想一个小孩子的逻辑和他的世界。因为常想起这个故事，我对儿童的讲述总是耐心倾听，我期待从中获得更多的启示，发现好的语文。

有初中生诉说课堂经历，说历史测验错了几道题，简单的知识题，命题人故意多绕两个弯子，一不留神，就上当了。“不考不会错，一考肯定错。”她认为这类捉弄人的测验毫无价值，但老师非常在意班级均分，上课时专挑“满不在乎”的学生训话，点名让她站起来，问：“知不知道自己错在哪里了？还好意思笑呢！”该生性格开朗，她笑，是因为觉得老师的话可笑，错了几道题难道就该哭？于是故意说：“我不知道错在哪里呀。”老师更生气了，质问：“拿到卷子也不知道？”学生回答：“看到叉叉了，但我的确不知道错在哪里呀！”老师气急败坏，发了一通火，全班忍住笑看热闹。我认为学生这样回答也没什么错，倒是老师问话不周密；再说，学生做错几道题，至于要这样大动肝火吗？学生在课堂和教师“拗”，往往在于教师只看到“对”或“错”，不了解，也不想了解学生的思考状态，把教学过程看得太简单，完全不了解学生在想什么和想知道什么。高中生在历史考卷上看到“毛泽东第一次用电话指挥的战役是：A.……；B.……；C.……”时，非但不会觉得这些知识有记忆价值，很可能还会觉得这种学科没有思维含量，考得越好，人越蠢。

教师在课堂应当密切关注学生的思维与情感状态，通过引导、分析和探讨等手段，激发学生的学习兴趣，使其在质疑和交流中有所发现，促进其思维品质的提升。熟悉教学内容和教学过程，能了解学生思考问题的一般特点，知道如何引导学生关注，如何把问题引向深入，让学生的思考能时时“朝前跨一步”，这就是“教学”要做的事。我常想，所谓的教学乐趣，往往就在于能预想到“今天的课学生将会被震撼”“今天课上的激烈争论将会被下课铃声打断”“今天下课后那几个学生肯定又要来刨根问底”……

我在课堂上既关注那些“一肚皮问题”又能有主见的学生，也关注那些缺乏兴趣的学生，我想知道他们为什么缺乏兴趣，为什么找不到解决问题的途径，为什么总是在“等”？

我的确经常失望。对一节课，我做了足够的课堂准备，反复推敲了教案的设计，也调动了之前的很多积累，可课上完了，却好像很平常，甚至感到很累。真正参与课堂交流讨论的学生往往并不多，多数学生在听其他同学的发言时，神情淡然；听完了，也没有我预期的反应，既没有意见，也没什么兴趣。“哪位有补充？”我会问，然而无人呼应。于是我只好把学生的回答归纳一下，转入下一个环节。——很多时候，我的课就是这样结束的。

处于这样的状态，时间渐长，便有了倦怠感，我开始怀疑自己的教学是不是有了“惯性”，或者惰性。学生的教学反馈认为“老师教得好”，我则觉得学生“学得一般”。我认为考查学生，能说明问题的不是分数，而是他们的思维品质，是学习状态与情绪。学生没有批判和质疑，不谙变化，也会造成并巩固教师的平庸，像麻醉剂一样。课堂上，有时也能看到学生非常关注我提出的问题，生怕漏了一个平常的意思。他们会很急切地问同桌：“刚才最后一句说的是什么？”“他不同意作者的观点还是不同意教材的解说？”我从这里看出，学生对课堂还是抱有期待的。他们关注教师，也关注同学，他们有自己的观察和思考。我觉得可能是自己忽略了学生的课堂习惯，他们不表达，不代表没有“想”。

其实，大多数学生很希望在这个课堂上能观察到不同一般的思维方法，想看看老师和同学是怎么“想”的。无论是老师还是学生，如果他们能有些“不同”或“特别”，在那样的课上，都会有学生“受激励”或“被唤醒”。教师一成不变的照本宣科会促使学生的心灵变得麻木，让上课成为被动寻找“接近或符合标准答案”的过程。教和学两方面都会出现倦怠，课堂自然很难培育趣味和创新思维。

教师随机提了一个问题，问题由教学内容向外延伸，或是出现了对立与矛盾，或是与习惯思维产生碰撞，于是课堂开始变得活跃，教师从中会发现进一步推动、发展学习的机会。这种“随机”，往往基于对学生的观察和了解，教师心中有数。课堂的“静”与“乱”都不可一概而论。有时，教师用一连串的质疑打乱了平静的课堂，学生在思维被冲击、被“激活”之后，开始争论，教师注意倾听，并导出新的疑问。这时，绝大部分学生的思维是活跃的，即使他们没有发言，也会观察、辨析并评价课堂上所有人的发言。这样的观察、辨析同样有价值。

“刚才他的反问比老师的解说有趣。”

“他的这些见解是怎样冒出来的？”

“为什么他会在短时间内找到这么多支撑论点的依据？”

“我常和他在一起，没想到他会这样冷静地分析问题。”

“不对，他好像是在第二个环节走入歧路的。”

“他是怎样看出不同来的？”

“他又开始诡辩了，这是他的一贯战术，马上就要轮到老师发急了……”

“如果他刚才用词准确一些，就不会被抓住……”

“老师这会儿如果看到我，我要向他示意，我有话要说……”

——所有的思维活动，就发生在课堂上。如果教师成为课堂学习的有效组织者，就必须了解学生，能想到那几十个脑袋各自在想什么，或是会怎么想。有经验的教师甚至能从学生的表情上判断出他“想”到了什么地步。

课堂上有些问题，本身就是用来“想”的，不需要答案。“没答案”往往比“有答案”有趣味。缺乏智慧的教师会穷追不舍地要正确答案，一口气请七八个学生逐一回答，结果让几个发言的学生觉得自己的思考无价值。更多的学生或听凭老师带往一个方向，或一言不发地等待。

30多年前，我在课上问学生是否想过春秋时代军队的战车如何打仗。我想到的是，学生如果没有想象画面场景的能力，读《左传》《史记》就很难有兴趣，只会纠缠在“文言文”上。那时没有多媒体设备，通过学生的口述加比画，或者画图，可以看出，一个班只有三五个人思考过这个问题，怪不得读《曹刿论战》《鞌之战》，那么多人感到吃力。我后来曾谈到，让北方骑兵能长时间坐在马上，真正形成持续战斗力的，可能是汉人发明的马镫，约有三分之一的学生神情惊讶，似豁然开朗。那节课我的印象特别深，与教学内容可能相关的一个细节，有可能激发学生的想象，或是让他们的困惑迎刃而解。还有一次讲古诗，我问，唐朝诗人写怀念友人的诗时，是否知道友人在何方？这些诗究竟有没有寄出去？他们的赠答诗怎样才能传到友人手中？古代的驿站究竟是怎样运行的？那些奔波的驿者是否知道马背行囊中装的不过是一首诗？学生能据此类推出更多的问题，思绪飞向不可知的遥远。对爱思考的学生，教师能给出一些好问题，便几乎不用教了。如果教师比学生能想、敢想，学生的思想就能没有边界。

思想在自由地飞，有价值的学习也就出现了。

推动阅读的目的在于培育思维品质

越来越多的人意识到儿童阅读的重要性。儿童（这里主要指小学生）学会阅读，就拿起了认识世界的工具。从教育的目的而言，通过阅读培养文化习惯，培育良好的思维品质，打好“精神底子”，重视“思想”，孕育情感，真善美才有可能立足于人的心灵。

对儿童“劝学”已成为传统，人们用各种不同的方式勉励儿童走上读书之路，不惜以牺牲快乐为代价引导他们向往文明和富裕。但是，不同阶层有不同的利益诉求，因而“劝学”的动机往往很复杂。我中年时，重读蒋士铨的《鸣机夜课图记》，莫名地痛苦，作者竟感激那样严苛的家教。有那样的教育文化，民族怎么可能进步！近百年来，儿童阅读逐步渗入现代意识，而新旧干扰一直没有平息。毋庸置疑，目前的儿童阅读虽然仍存在诸多问题，但已经能容忍争议，这是社会的进步。

让儿童领略阅读的趣味，养成爱读书的习惯，其最终要达到的目的，是让他们能利用书籍获取精神滋养，不迷信，有判断力。儿童在阅读中有了“自己的看法”时，读书才是有用的。

常有老师担心：过早地引导学生质疑，是否妥当？

这句话，其实有几处伏笔，一是“质疑”，一是“引导”，一是“过早”，每一处都潜伏危机。我们应当庆幸改革开放，有了很多反思，如果没有前车之鉴引发的自我启蒙，人们可能还会陷入迷茫。教育不能靠灌输，正确的教育引导人们走出蒙昧，有价值的思维正是从怀疑、质疑开始的。人只有在大量阅读之后，才有可能认识、比较不同的事物、不同的观点、不同的表达，产生疑问和困惑，逐渐形成辨别能力；有了“大量的阅读”，就不可能“过早”。——我就是这样回答同行的。如果从小引导学生迷信书本、迷信权威、迷信教师，他们就会学而不思，即使读书也不会变聪明，充其量成为识字工具，长大后很可能被电子机器取代。

借助阅读积累经验，培育思维能力，逐渐产生一些疑惑，自主发现问题，对儿童观察世界只会有益处。正确认识事物必须思考，“思考”有时甚至是痛苦的，但这种精神的冒险能催生自由思想。教师要通过阅读启发儿童思考，让他的阅读和思考逐步形成习惯。在此过程中，虽然他的疑惑可能会堆积，乃至形成困扰，但他通过持续的学习，可以逐渐理清思绪，开始有判断，开始推想事物可能的发展，长此以往，他的“经验”能发展为推动他摸索前行的自信。在遇到困惑时，他能自主地去思考、寻找、探索；他有可能凭借逐渐形成的自信而变得比较独立，他克服困难的能力也会比一般人强。通过自由阅读培育的智慧，会有一天，使他成为有独立思考能力的人。

书是知识的载体，是发展思维的工具。很多书，承载的是著述者的见解、各种各样的经验和体验、各种各样的情感表达、无数人的智慧和教训，等等。一个人读得越多，困惑也可能越多，获得的情感体验也越丰富。当然，在汲取文明营养的同时，他也获得了生存智慧，学会了选择、判断、猜想、推导、想象，产生了灵感，培育了热爱。从这个意义而言，“开卷有益”是成立的，与用名利引诱人阅读绝非一回事。

现今一些阅读推广活动仍然有相当大的商业成分，使儿童和少年原本就不够坚实的阅读生活遭到干扰。以大量习题和“培训”为主的“思维训练”更是南辕北辙。“思维训练”或是“培训思维”，毕竟都是“训”，和“培育”不同。“训”主要靠灌输，甚至强行“扭转”“改变”，缺乏自主性，不是真正意义上的自主思维训练，不可能保护思维个性。一味地“训”，如同“学而不思”，不会形成智慧，而且会有不良后果。大批儿童在开始阅读时，只是凭借本能的趣味，并无功利意识。如果他们发现阅读并非生命需求，而不过是为参加一场学习竞争所做的准备，他们不仅会把阅读看作一种负担，也会因此厌学，他们对学习的错误认识可能会持续到很多年以后。

让儿童在阅读中自由发展，教师自身要有选择判断的能力，只要学校教育不丧失理智，儿童阅读一般不会出什么问题。阅读要能引导儿童思考。我反对学校组织儿童“读经”，反对用过多的规训禁锢儿童的思维。除了能培养语感，我看不出那些把《三字经》《弟子规》背得烂熟的学生有多聪明，有多纯正。让儿童只知“守规矩”，而非积极思考世界，问不出“我是谁”“我从哪里来，要到哪里去”那样的生命问题，充其量只是制造“背书机”。如果阅读的目的不是启发人的思维而是让人“相信”，不是培育批判性思维而是要人服从，那么这种阅读就是对自由思想的限制，是对人性的戕害。1974年我在农村当小学代课教师，课本上有“一不怕苦，二不怕死”的口号，现在回忆，不免惊心动魄：我们有过多么荒唐的年代呀，40多年过去，当年的小学生现在50多岁了，半生过去，他们现在会怎样看待童年时那种“一不怕苦，二不怕死”的教育呢？

我说过“儿童永远正确”，并非指他掌握了真理，而是敬佩他能依据自己的逻辑直率地表达思想情感。他在摸索，当然也会遭遇失败，也会犯错误，但这是他必需的经历，也是自由思想的“套餐”，是培育想象力和好奇心的必由之路。乐趣或许就在其中。成人无须担忧、包办替代，因为他是儿童，在这个年龄段可以“胡思乱想”而不受责备，他一生创造性思维的起点，很可能正在这里。

如果多给学生一分钟时间思考

课堂上，教师提出问题后，对学生的期待就开始了。

我在一些课上观察到，教师提出问题后，就急急忙忙地扫视教室，寻找能答出这个问题的学生，而他的学生刚开始思考，或是正在思考，教师那寻找的目光，有可能让他们没法保持平静的思考。在讲台上站了半辈子，我了解学生的思考状态，从他们的神态能看出来：一些学生的神情总是很平静，一些学生则会表现出困惑，也有一些学生总是微笑，甚至喜形于色。我熟悉自己的学生，但有时也未必能准确地判断他们目前的思考状态，而这正是教学的趣味所在。经验不足或是心情急切的教师有可能读错学生的表情。他看到学生微笑，以为是暗示，就把这位学生喊起来回答，可这位学生其实只是心驰神往于问题之外的遐想。面对教师重复的问题，他张口结舌，让教师失望了。如果教师判断正确，这个学生立刻回答出了教师需要的答案，那么教师予以肯定后就可以进入下一个问题了。这看起来好像很圆满，课堂“高效”而紧凑，教师的教学进度有保障，上了一节“完整的课”。但我总感到，这样的课堂，还是教师个人的课堂，仍然缺乏对学生思维的关注。

近些年，我更注意到，公开课或是展示课，教学节奏总是很快，从上课第一分钟起，教师就很急切，整个一节课“环环相扣，滴水不漏”，像一出精致的情景剧。这个“环环相扣，滴水不漏”究竟好不好呢？很难说，特别是对学生的学习而言。教师的课“完整”了，“进度”

有保证了，那么，学生的思维过程是不是也“完成”了？

教师提出问题，不留足一定的思考时间，立刻就让学生回答，不符合教学规律。这不是电视台的知识竞赛，不能这样要求学生“抢答”。问题提出后，全班学生正在思考，这个思考过程，正是“学习”；能多留一点儿时间，或者让学生交流一下，也许更有成效。如果教师心情过于迫切，过于重视“进度”，想上出一节“完整的课”，希望“抢答”并且正确，是搞错了教学目的。目的错了，也就失去了教学价值。

我在教学中逐渐认识到这一点。我从不表扬“抢答”的学生，因为他干扰了同学们的思考。全班学生正在思考，一声插嘴，无论对错，都可能打断或中止大家的思维，对教学过程而言，这是干扰破坏。我不明白为什么一些教师不制止学生这种不良习惯。

一些教师的课让人困惑。他们上课像是在执行“列车时刻表”，他们就像是调度员，高度紧张地监控列车运行，力争分秒不差。听这些课，经常缓不过神来：为什么要这样急急忙忙，像要完成生产任务似的？学生为什么不像我这样感到紧张？是他们适应了快节奏还是根本没思考？或是聪慧过人，真的不需要教了？我的经验是，如果教师的课堂提问，能多给学生留点儿思考时间，让他们能从容地思考，有助于提高他们的思维水平。有时，只要再等十秒、五秒，一些学生的思考、判断、选择就能完成或接近完成，又或许就能“顿悟”。课堂上，教师提出问题后，几乎每增加一秒等待时间，课堂都会产生妙不可言的奇迹，即使已经有部分学生的思考完成了，也可以不急于让他们作答，而是再慢十秒、二十秒，让更多的同学完成思考。学生在基础教育阶段，要上一万多节课呢，教师如果在学习的开始阶段就总是强调“快、快、快”，他们也许很快就厌学了。

工作压力会“压制”出教师的一种“习惯”：他对自己的课堂设计有迫切展现的愿望，他有既定的“任务”和明确的“目标”，他有要“完美展示”的内容，更重要的是，他很想让听课老师或评委能看出他的“特色”……所以，他有可能把一节课的时间用于“我”的“展示”，而非引导学生关注思维发展的某一级台阶。有些教师赶进度，节奏过快，往往是在“公开课”“赛课”“示范课”上。教室后面坐着评委，教师们不能不考虑评委的“标准”。如果为了让学生思考而多给学生十秒、二十秒，评委会不会认为“课堂有点儿沉闷”？

听课、评课人应当全方位关注教学环境和学习气氛，不要只注意教师的“高效”及“聪明的学生”，要观察学生思考的质量。学生有反应，学生犹豫不决，学生质疑，学生惊讶，各种反应，都说明教师的提问激发了学生思考，这无疑是我们所追求的教学效果。

有人评价教师“掌控课堂的能力强”，并将其作为对教师的肯定、赞扬甚至敬佩。我对“掌控”这个词一向有些疑惑。“掌控”的是时间，是学生的学习，是课堂纪律，是学生的学习进程，还是思维的界限？我越想越感到不安。这不是循循善诱，也不是“引导”。“掌控”往往体现着权威或权势，居高临下，是对学生，对人，对人的思想、言论和行为的干预，这可能就背离了“教育”“教学”的本质，不是发展人的自由思想和创造精神，而是把教育教学变为“改造”“塑造”甚或“制造”，这就有可能培养出如爱因斯坦所担心的“规格统一的人”，而阻滞社会的进步。

可能说远了。还是回到课堂。回忆自己的教学经历，我印象很深的是课堂的“吵成一团”。学生为一个问题争论激烈，各种观点针锋相对，形成一波又一波的交锋，不断地有考虑成熟的同学加入，甚至平时性情安静的学生也兴奋异常，跃跃欲试，原定两三分钟的交流“失控”了。这时，要不要以教师的“主导”把局面稳定下来？用不着。学生能展开讨论或争论，说明这个问题能激发他们的思维，有学习价值，为什么要终止他们的自由思想和富有激情的自我表达？教师观察学生思维的最好机会，就是他们在自由言说时的表达；而更多的学生通过这样的交流，学到了比教师的“教”更有趣的东西。

我为什么不再多给几分钟？我为什么要急急忙忙地“控制”？我为什么要考虑后排听课的专家和评委，而不考虑我的学生？我为什么要追求“完成教学计划”，上一节“完整的课”？我才不管它呢！学生的思维活跃起来了，全都积极主动地在思考，这不正是我的“教学任务”吗？这不正是我梦寐以求的吗？我干吗要舍本逐末？这么难得的机会，我何必汲汲于三五分钟？课堂上学生争论得热火朝天时，我要控制的是自己：不要看表！千万不要看表！——我担心只要看一眼手表，教室就会慢慢地静下来。

课堂学习，对学生而言，“多一两分钟”是极其重要的，有时却被粗心的教师忽略了；而学生生命中有很多时间，却被用于无价值的作业和检测，或是不得不消耗在无益甚至无聊中，最终走向人生的“平庸”。

宁可少些，但要好些。课堂上教师提一个问题，如果多给学生一分钟时间思考，他思考的质量就有可能提高。看起来，这个一分钟好像是“多给”了，然而，未来多漫长啊，因为受教育阶段经常能有这样的“一分钟”，人将变得富有智慧，未来世界将变得无限辽阔。

再说，那个“一分钟”本来就是学生的。

遇上有智慧的启蒙之师

有次在外地给中学生讲话，讲学习的趣味，讲到理查德·费曼的有趣，面对上千学生，我想不出更合适的词，只能用最能吸引大家的话说“费曼是这个世界上少有的很好玩的人”。说到他解码开锁的本领和到巴西学打鼓的轶事，学生大概怎么也想不到物理学家可以是“很好玩的人”。散会后有个学生在场外等我，说“一定要和也喜欢费曼的人说说话”。

我和学生说了很多，但费曼在中学的一件事不便讲，讲了可能会让在场的老师们误解。

费曼在镇上读高中，遇上了启蒙之师艾布拉姆·巴德。巴德像一盏灯，照亮了学生费曼关键的一段路。巴德读完物理学博士，正遇上美国经济萧条，找不到科研岗位，不得不到中学教书，其实，博士当中小学教师，在美国是稀松平常的事。值得说的是，这位巴德先生懂教学，办法多，知道如何引导费曼这样有天分但习惯不良的特殊学生。费曼兴趣广泛，早在上课前就自学了初等微积分，自恃先走了一步，上课多嘴多舌，搅得课堂不得安宁。巴德老师不想让他过于得意，给他一本《高等微积分》，告诉他：“你在读懂之前，不要在课堂上干扰同学。”费曼因此有事可做。他花了许多时间阅读并思考这本书，明白了山外有山、天外有天，于是不再急于表现自己了。——许多老师也许都遇上过费曼这种“自己懂了，上课捣乱”的学生，我们要像巴德那样保护学生的好奇心并因势利导。

费曼回忆说，巴德先生经常在课后和他讨论科学，是他的还原论思想的启蒙者。巴德这样向费曼讲述“最小作用量原理”：虽然人们无法对它做出解释或证明，但它在物理学中却无处不在。巴德只说了一次，却影响了费曼一生；费曼能持续地保持科学学习的趣味，成为一个始终有探索激情的科学家，不能不说和巴德的“会教”有关。

巴德比许多老师聪明，他懂得，学生学力的开发取决于教师的智慧和恒心。他没有在课堂上压服或教训不听课的学生，而是注意到这类学生旺盛的求知欲。学生能在某个方面有学习兴趣，在当今难能可贵，教师不能任意践踏他、讥讽他、压制他，而应当因势利导：你在这方面略微领先了一点点，那教师就可以为你指引更高的台阶。

这就引出了两个教学要素：包容学生的涵养和深厚的知识背景。

做到第一点可能不算难。教师可以温和地劝诫学生不要妨碍其他同学听课。学生只要不妨碍其他同学听课，我认为可以让他看看其他书，想点儿别的事（对这个问题业内一直存在不同看法）。任课教师不要把学生的“不听课”当作对自己的不尊重，因此动怒，因此发生冲突。在我的课上，个别学生如果不想听，我不会逼学生目光呆滞地坐在那里。他为什么不能把时间利用起来做点儿有益的事呢？我不认为他做其他作业会影响同学们听我的课，倒是他为了教师的面子百无聊赖地坐在那里，反而会让我感到不安。我对自己的教学有信心，我相信学生听课会有所思，有所得，我也相信个别学生已经不需要听。他安静地坐在那里，其实是在想他要想的问题，他没有弄出什么动静来，已经是对教师的尊重。对这类问题，有些中学有更多的考虑，甚至允许学生离开课堂去图书馆自修。如果学校暂无这样的管理能力，那就要看教师的选择了。

做到第二点可能有些难。对学科科学性而言，基础教育阶段，教师掌握教科书的教学内容并没有什么难度，许多是必须掌握的常识，难的是“如何教”。对教师而言，有没有教学智慧，能不能在教学中有开创性的思维，要看教师的“底子”。教师有丰富的学习经历，也就会有非同一般的见识。一般来说，学力强，读书的经验丰富，有一套学习的方法，有辽阔的精神世界，就不会在乎一时一事的得失，而能看到一般人想象不到的世界。心中有地平线，就有光。

教师必须是有趣味的学习者，他比一般人更关注学习者在不同状态下的表现，知道是否要“启发”，知道如何“导引”。这很不容易。巴德很可能有过费曼那样早慧而盲目的状态，也可能有过惑而无师的苦恼，他也就能比一般教师更了解费曼。巴德曾跟随名师求学，有自己的学术追求，作为优秀的科学研究者来当中学教师，他能轻松地用一个问题点亮费曼的智慧之灯。这就是杰出教师的教学优势。

我学养有限，但我从和学生接触的经历中发现，他们渴望与学养高的教师交往，他们往往认为与教师的课外交谈比课堂更有收获，这就从另一方面启示我努力丰富个人识见，改进教学。很多教师在勤奋努力地工作，这是应有的职业态度，可我更在意教师能否在教学上达到“自如”“自在”的境界。教师淡泊名利，才可能专注于有趣味的问题，让课堂变得辽阔，让个人获得职业愉悦。巴德先生对一节课能否被评为“好课”根本无所谓，他不会计较学生给他的“教学评估”打多少分，不会在乎考试后家长们会不会在“微信群”里说外行话，当然也不会担心家长起哄要求校长“换教师”，总之，他根本不会在意世俗的七嘴八舌，所以他是巴德，所以世界才有了费曼。

优雅而有趣味地学习

教育最重要的目的，是让学生立于人世，有尊严地活，创造并享受生活。优雅而有趣味地生活，在于人的发展有良好的精神基础，并有稳定的社会环境。人在正确认识世界的过程中感受到精神愉悦，在于他能认识到生活之美、生命之美。他不会因为职业的不同而扭曲对劳动的认识，他能发现自己从事的劳动之美，他并不十分在意物质享受，而更专注于劳动品质和思维品质，同时在这个过程中认识生活的本质，如此，方是活出了最好的人生状态，或可称为“和谐的人”。

如果把问题简化，所谓“优雅而有趣味地生活”，就是“有文化”。早先，人们称识字者为“有文化”，以后，识字的人多了，人们开始称有文凭者为“有文化”，现今，为了生存，人们用各种粗俗的方法追逐文凭，文凭已经不能代表“有文化”了。“文化”被扭曲到极致，也终于要反弹，回归它的本质，“有文化”将意味着文明进步的生活方式。教育所要做的，是为受教育者播下“文化”的种子，培育正确的价值观和生活态度。

在当今学校，如果倡言教育要关注人和人的幸福，主张培育优雅和趣味，总会有犬儒出来讥讽“优雅能当饭吃吗？”“凭趣味能上大学吗？”——的确，“优雅”和“趣味”这些内在品格不是为“换饭吃”而生成的，在我们中国，“吃上饭”进而做“人上人”向来有深厚的社会基础，也因此成为众多人读书的目的。“吃饭论”更能诱发民粹情绪，论者会搬出一大堆因为能忍受非人道教育或自虐式励志而“成功”的人物，以他们掌握的权力和占有财富的数字告诉你：不把学生当人，逼迫他们“吃得苦中苦”，才能实现“最成功的教育”。也因为这个“成功教育”的泛滥，教师和学生只能把“优雅而有趣味地生活”当作白日梦了。

何为“优雅”，何为“趣味”，也许难以说清（且会有“越来越说不清”的可能），但说不清也得说说。身为教师，他能把教育教学当作有意思的工作，能从这个过程中感受前所未有的惊喜，总是期待有新鲜事物出现，启示自己往前探究，获得愉悦；他能从这项工作中感受到强烈的生命意识，让人们懂得享受并珍惜生活；在和学生相处的时光里，他能保持好奇心和想象力，在教育教学的同时，自己也获得发展，成为善于学习的人。他淡泊，能在喧嚣的环境中保持自我，对自己的生活方式有自信；他追求精神品质，与庸众孜孜以求的名利场绝缘，赢得空间与时间；有趣的问题和独特的思维方法，让他的课堂成为学生的精神乐园；有意义的工作，让他得以享受这一职业给人的愉悦。——这些，庶几可称为“优雅”与“趣味”。

目前在学校，流行的是“争分夺秒”“学习竞争”“不能输在起跑线上”这类“教育文化”，“优雅”和“趣味”已经稀缺。但是，事在人为，如果学校工作能遵循规律，教师能做到从容、“不急”，学生的性情仍有可能得到陶冶。按规律应当“慢”的事，加速必然适得其反，一味求快只会留下粗糙和疏漏。追求品质，必然要选择“慢”，那些屹立至今的古代伟大建筑当年可是“低效率”建成的，并没“赶工期”；那些绝代艺术品，往往精雕细琢，耗费艺术家的一生，他们终日思考，偶尔才画出一笔、刻下一刀，而他们同时代的人中，肯定也有如当今一年制造三五百件作品“如期交货”的“快手”和“做大做强”的“名人”。教育要教会学生生存意识，更应当引导他们认识人生价值，放眼遥远的未来。教育有品质意识，学校便会有另一套话语系统，如“安静”“宁静”“静穆”“沉潜”“辽阔”“悠久”“大陆”“地平线”“星空”……

趣味不是配给的，要靠寻找和发现。人一旦发现劳动生存的全部意义，精神渴求就会变为巨大的动力，寻找并建立职业趣味，培育智慧，享受人生的一切。任何困厄都不能埋没他高尚的好奇心和想象力。

在成长过程中被漠视过的，即使之后努力找回，其意义和作用已经不一样了，而有些东西，则是永远找不回来的。比如，儿童时代的好奇心，让人睁大眼睛去看世界，并在观察中开始思考。这种可贵的好奇心甚至可以一直保持到中年、老年。对此，也有人完全不能理解。有教授撰文认为好奇心是低级、庸俗的心理状态，声称“好奇心无非是张家长李家短”，这就让人明白为什么会有“钱学森之问”了。有这类没有见识的人在大学教学，怎么可能培养出杰出人才？——童年所受的教育不一样，对世界的观察、思考与体验也就不一样。这种差异，与职业并无关联，也与年龄无关。很多人虽受过教育，但除却名与利，终生对世界万事万物没有任何兴趣。

评价教师，有时我会认为，专业素养可以慢慢提升，但是，无论如何，他的“精神底子”不能太差。讲台前站着一个粗俗无趣的人，对学生的学习而言便是噩梦的开始。

“少学”与“多习”的矛盾

“学而时习之，不亦说乎”之“习”，通常被解释为“温习”“复习”，因为学的是经义与“道”，所以时时复诵重温，便能思而有悟，或进而为智，这个“时习之”才会成为智者的快乐。今之普通教育的“学而时习之”之“习”，则多指“时时复习”“时时练习”，强化记忆；“复习”的作用，不是为“悦”，而是为对付没完没了的考试。所学并不足，“复习”则多到滥。

现今一般学校，初中三年六个学期，有两年半五个学期用来学习，而初三年级下学期，则基本用于应试复习。高中三年六个学期，至少高三年级两个学期不上新课，为对付高考而全部用于复习。加上此前频繁的考试和测验，学生还需用相当一部分时间复习，这样一来，用于复习的总学时就很可观了。统而言之，中学阶段能有一半时间用于“学”，就算不错了。

20年前，江苏某些学校出现“月考”，社会惊诧，一个学期不过四个月，已设“期中”“期末”两次考试，如果每月再考一次，学生必定疲于奔命。我曾担心“学生用什么时间‘学’”，但此风甚炽，很快就刮进了大城市，更没想到，国内一些中学现在竟然有了“周考”，而且在非毕业年级，我改为担心“教师还有没有时间‘教’”。对这些学校的做法，社会像是没有“舆论”。高校曾批评某些地区考生“后劲儿不足”，但高考分数线不可能做任何调整，于是乎这类“少学多考”的学校大行其道。

奇怪的是，近十年，竟然又有“期初考试”（有些地方称之为“期初摸底”），从小学到高三全面推行。开学第一周，教师、学生忙成一团，学生进考场，教师“监考”“集中阅卷”。开学就考试，岂不等同于“没学先考”？——推行了七八年，至今仍然没有媒体质疑，也没有行政干预，具体负责部门也没有做出令人信服的解释。为了应试目标，不让学生过寒暑假，若非学校和家长达成“共识”，此事断然做不成。

非理性的教育，不但会造成受教育者失去“学”的趣味，也会让教育者丧失职业理想，其职业素质也会随着荒谬的教育行为丧失殆尽。错误的教育对学生造成的伤害是终生的。一名通过“勤学苦练”能娴熟应对考试的学生，未来能否成为合格的教师？很难说。但他有可能迷信自己的经历，认为对付考试的“学”和“习”是职业基本任务。

这类问题依然在困扰着教师。教师过早的职业倦怠，和这个过量的“复习”有没有关系？学生在长达一年的“复习”中，有没有关注过他作为“学生”的“学”？他究竟“学”了什么？我们不能不反思。

1997至2002年，我和一些学科老师曾做过尝试：在高二教学结束时，让学生做应届高考卷（当时条件允许，能做这样的试验，间隔四小时），然后按同一标准阅卷。做这样的试验，是想观察高三一年的“复习备考”究竟有多大作用，也想通过这个试验探讨高考命题改革的可能。试验结果和预测比较接近：语文科，两个年级相差不大，和高二年级均分相比，应届高三并没有明显优势，而且相当一部分高三学生考得竟不如高二学生。其他学科也有类似情况。有部分高二学生竟达到了高三高考的平均成绩。更有意思的是，第二年他们的高考成绩仍然为本年级的平均成绩。

当然，没有必要对这样的试验做精细分析，条件和情况有变化，不一定有可比性，更没有必要试图从中寻找应试途径。但这个试验对我们有启示，我们所做的分析和判断也是有价值的。高二学生做高考卷并无明显劣势，可能的原因在于：首先，高二刚刚学过的知识，很新鲜，学生可以“现炒现卖”，而高三用一年时间复习一两年前所学的知识，要寻找印象，反而得多付代价；其次，高二学生没有压力，就是“玩玩”的，连“热身”也算不上，而高三考生则要面对“一考决定命运”，压力过大，临场未必能正常发挥；再次，高二学生体力好，没有经过高三的煎熬，在认知、判断、选择、推理方面，也不至于优柔寡断，能够“一鼓作气”，而高三学生经过一年的复习，已然疲惫不堪，少数人更是强弩之末，难题、偏题、怪题及各种“弯弯绕”见得太多，临场不免狐疑多虑……当年我所在的学校办学比较规范，语文高三上学期照常上新课，试验尚且出现这样的结果，我们对当时省内外各校过早进入高考复习的弊端，也就看得比较清楚了。

高中三年，用整整一年来“复习”，不符合教育教学规律，从功利的角度来看，也“不合算”。读书11年，进入高三，这可能是学生最“能学”的一段时间——他总算学了一些方法，积累了一些经验，虽然未必谈得上“厚积”，但有了一些分析和解决问题的能力，正可以用这一段时间适当地“薄发”一下。他完全可以在这一年思考一些感兴趣的问题，甚至寻找下一阶段的学习目标。然而，整整一年只是“复习”，缠在一团乱麻似的题海之中，死记硬背，这类“训练”，怎么可能增进人的智慧？

高三，18岁，无论心智还是情感，都处在最宝贵的发展时期，应当去接触更重要的知识，思考一些人生的重大问题，在如此宝贵的年华埋头于机械的训练，用一年以上的宝贵时间苦苦操练，以对付两三天的考试，这实在是人生的苦痛记忆。在适当的年段，学生被逼接受落后愚昧的训练，错过了启蒙的时机，今后即使还有机会，也将付出很大代价。

错误的教育不是从18岁开始的。从小学起，学生便开始在“复习”上花费巨大精力。儿童有求知欲，学习新知识、接触新事物，是他们最兴奋的事。不能低估儿童的学习能力，特别是他有学习自觉时。在整个小学阶段，教师应当注意到学生的良性“突变”，这类学习能力“上台阶”的现象一般来自学生的自我感悟。出现在积累之后的归纳与发现，未必是教师“教”出来的，然而却比教出来的更牢靠。他会根据自己的需要去“学”、去“习”，成为“会学”的学生。如果叮嘱他每天“时习之”，反倒未必会产生那样的智力升华。

我看到小学教辅的“一课一练”，觉得分量重，能不能改为一周或是一单元“练”一次呢？老师们说，怕小孩子没事做，荒废了学业，现在已经有“一课三练”啦，要“扎扎实实”。教的内容不多，却要反复练习，像是要把学生“训”成条件反射，如此则败坏了学生的学习趣味。儿童正值睁大眼睛看世界，发现生命之美、生活之美、自然之美之时，而教师却在此时念一本“学而时习之”的大经，学习之于学生，就成为一件极无趣的事。“少学多练”，未免是拿学生当白痴。过量的作业以及无休止的“复习”，显示的是教师对学生的不放心、不信任。

即使退到应试这个目的上，让学生多学一些，也要比“死记硬背”“反复训练”有价值。毕竟见多识广，有了较强的认知、推理、判断力，有了高度，会有居高临下的优势。有带高三毕业班经历的老师经常谈到，高三其实没什么可怕的，高考也就考那点儿东西，高一高二学好了，高考并不难。长时间复习有限的学习内容，用重复强化记忆，用难题、怪题、偏题严防死守，用疲劳战术淡化危机感，都是违反教学规律的，不但反教育，也反常识：从战术上而言，高度紧张地复习一年，不断模拟，“再而衰，三而竭”，已成强弩之末，虽侥幸过关，已无余勇可贾。

高中三年，教师用三分之一以上的时间带学生“复习”，不仅无法完成“课程标准”所要求的基本任务，而且把错误的学习观念传给了学生，这是更大的麻烦。

有这种可能：学生在高中扎扎实实地学三年，尽可能地多学一些东西，多读一些书，最后留出七八周时间准备考试。20多年前，江苏不少中学能规范正常地安排教学，仅在最后阶段花点儿时间复习备考。在我所在的学校，学生也只是在考前两个月才拿到“复习资料”。当年高考，也有少数家长不放心，而最后结果让他们心悦诚服。后来，因“锯短木桶第一块板”的地区和学校得了点儿便宜，群起效之，现在其教学已经接近“桶底”了——锯掉的都是常识。常听闻家长组织“请愿”，要挟学校尽早进入“复习”——利用高二末暑假和高三上寒假补课复习，如校方不答应，就威胁去“上访”。这些经历过错误教育的家长，变异为“虎妈狼爸”，当年他们在高考中无论成功还是失利，都不可能引发他们对“复习”的反思，他们沉迷于自己受教育的经历不能自拔，失去理性，不考虑后果。

西北的面食有几百种，因为是小麦产区，面为主食，唯恐单调，得变着法子改变面食的形态和做法，然而无论一双手多灵巧，面，还是面；江南女子，能把窗帘、被面改成衣衫裙裤，可改来改去，那样绞尽脑汁，往往只是因为布料不够。旧时代物资匮乏，逼人们变得“心灵手巧”，只是不能简单地将这类智慧移用到教育上来。我们的“学”，应当置于广阔的天地。

阅读量不足，诸事皆废

毋庸讳言，中小学生学习负担过重、思维品质不佳，是基础教育的弊端之一。学生的思维品质究竟是如何被败坏的，需要冷静、理性的分析，在这个问题上缺乏客观的态度，无助于问题的解决。应试教育的传统、专制文化的遗毒、社会的功利风气，都会对学生的思维产生消极影响。这里仅选择具体问题，从阅读状况来观察。

过低的阅读量、狭窄的阅读视野，制约了学生思维的发展。阅读量不足，诸事皆废。

中国社会在介绍名人治学的成功经验时，用“博览群书”的频率远远高于“独立思考”。这个“博览群书”是不是很难？在古代，学富五车、汗牛充栋，确实不容易；现今，无论书籍出版还是阅读手段，远比旧时代优越——印刷技术高度发达，书籍极其丰富，阅读方式空前便捷。然而青少年的阅读量和阅读视野反不及先前，不似早先的“没有书读”“因贫苦辍学”，而是“有书不读”“有书没法读”“有书不想读”。教育部颁布的中小学各科“课程标准”规定的阅读书目，数量并不算多，可是就连这最低的阅读标准，大部分学生也无法达到。以语文科为例，因为有应试的压力，对待扩展阅读，教师不积极；一些学校抓应试，连语文教科书的配套读本也不为学生订（更不用说课外阅读了），教师和学生手头只有一本语文教科书，一个学期“在一本教材中反复打滚”。曾有大学文科教授鼓吹“教什么就考什么”“就考六本语文书”

（他们连课改后的教科书格局都不了解）。这些在把学生阅读局限于教科书范围内的同时，也把他们的思维死死地固定在一个框子里。语文教科书上的课文“无非是个例子”（叶圣陶语），熟知或背诵这个例子是不是能解决其他问题？一个学期的课文不过20多篇，即使全是经典名篇，全部背诵，烂熟于心，也不可能替代“语文”思维，因为生命中的、生活中的“语文”，不是只靠这20多篇课文就能发展的。可作为反证的是，很多文盲的口头表达并不差，倒是熟背经史的人往往口讷不知变通，究其根本，是没有能力在生活中发展“活的语文”、拓展语文视野和思维。

为什么中学教学会出现拒绝阅读的现象？在20多篇课文中“打滚”，是不是就能对付考试？相当多的语文教师竟然认为“读课外书影响高考”“读书少不一定对付不了高考”——现行语文考试的命题思路、形式及评价标准比较落后，中小学教师“身经百战”，轻车熟路，自有一套对付考试的经验，这便让大批学生对语文学习产生误解。阅读量如此低，“阅读视野”也就无从谈起，而学生的思维，也只能长期停留在应付考试的低水平上，变成通过反复训练形成的“条件反射”。

更需要指出的是，大批教师把“阅读”当成语文科的任务，而没能认识到它是所有学科学习的基本能力。

学生在学校学习，会思考些什么？以学生视角来看，他喜欢“聪明的老师”“有办法的人”。这些人善于学习，能从学习中获得快乐，跟从他们学习，能获得智慧、培育趣味、提升境界。他找寻有智慧的人，未必有功利的目的，而是想观察其人格理想、德行、情操、风格和生活品质。中小学教育需要大批有智慧、有职业精神的教师，这些教师自身就是优秀的读书人。很遗憾，我在一些学校观察一些教师的课余状态，往往感到悲观，他们能整年不读一本书，言行举止恶俗，很难想象他们能“培养”学生什么。一些学校和地区教研室不得不组织培训讲座，宣传“读书的重要性”，开展“教师读书活动”，这在讲常识的教育环境中，是令人难堪的事。由于没有最低限度的阅读积累，这些教师完成教学任务有困难，交流中也经常听闻种种荒谬绝伦的错误。不愿接受新的知识，不愿反思个人的教学行为，这也是一些教师离不开“教参”或反对使用新教科书的原因。语文科如此，其他学科的教师同样存在阅读面狭窄、阅读量不够的问题。历史、地理教师的观点和知识停留在20年前的大学时代，完全不了解学科发展及世界科技新发现的物理、化学教师，也大有人在。知识陈旧、缺乏见解、教法僵死，竟然没影响他们带领学生对付中考、高考，这足以说明目前教育改革的困境，然而这种状况一直没有得到应有的重视。“能够混得下去”，就不思变革——教师的这种惰性和功利主义教育观，影响了学生的思维和判断，也为下一波“读书无用论”推波助澜。童年或少年时代教育条件不足造成的思维力不强，尚有可能通过广泛阅读逐步弥补，并实现自我启蒙，但如果学校奉行应试教育，不培养学生的求知欲，则会关闭通往智慧的大门。

阅读量不足，学习就不可能有“质量”；没有“质量”的学习，则难以形成真正意义的“思维”。一旦学习成为简单的“记诵”或熟练的“操作”，所谓的“思维”就成了本能的机械反应。学生有广泛的阅读，能发现“差别”“异同”，发现“不足”或错误，在辨识、分析和判断的过程中，“认识”“看法”“观点”“见解”等就会出现，“思维”就能开始。我在一些课堂上看到教师讲错了知识，学生没有任何反应，因为他们不读书，缺少知识储备，无法凭某个方面的经验去做判断。如果这样的课成为常态，学生安于这样的状态，思维不可能得到发展。

合理的作业负担

爱因斯坦说“负担过重必导致肤浅”，是针对当时美国大学教育的；这个常识，对基础教育而言更为重要。现今所说的“减负”，主要指中小学作业负担重。过重的作业负担会扭曲学生对教育的认识，让他们在宝贵的年华失去可贵的想象力、好奇心和对未来的梦想。

“过重的作业负担”，不仅“量”超负荷，“质”也不高，往往没什么价值。中小学相当多的作业不过是简单的重复，有的作业则是把明天才需要掌握的知识提前到今天来学，来操练，逼迫学生用更大的代价去争取“先跑一步”的所谓优势。超负荷作业剥夺了学生的休息时间，让他们的思维停滞，也抹杀了他们的学习趣味。超负荷作业使学生的思维很难获得有效发展，过多的“训练”往往只能让学生从小形成机械反应，“不考没用，考过即忘”。教学的“不合理”，不仅使学生难以发展思维或形成好的习惯，也妨害学生对“学习”的正常认识。

毕业多年的学生回忆中小学时代，往往记不起什么有趣的事，顺口就是一句“作业多”，可是到了大学，和来自其他学校的学生一交流，觉得自己当年在学校“过的还算人过的日子”。有些学校，初中三年没办过田径运动会，高中三年没组织过春游、秋游，还有不准男女生交往的、“午餐时间规定五分钟”的……总之，只有想不到的，没有做不出的。各地中小学生日均作业时间超量到什么程度，教育部门往往缺乏调查数据。对此，教育行政部门必须干预，检查、抽查要制度化，要按月调查统计并公开，非此不足以治基础教育之乱象。

听学生倾诉，有些意见耐人寻味。比如，有小学生说“学校活动太多了”，问他：“活动多难道不好吗？”他答：“活动是规定的，不参加不行；可是作业并没有因此减少。”中小学的“活动”如果不是自愿参加的，必然成为学习负担。既然是规定的“活动”，占用了学生课余时间，家庭作业就不宜太多。这么简单的常识，为什么不遵守？又如，有中学生说：“数学老师布置作业，根本不顾明天还有英语测验，照样三大张；化学、物理两科老师同时在星期三收作业，有时一天三四门课都有课外作业。”这种超负荷的作业安排，在很多学校是常态。学生的批评是讲道理的，教师的作业设计要考虑学生的承受能力，不要从小就给学生施加“苛捐杂税”式的重压。

近年，多次听闻学生在高考结束时撕书狂欢，我不认为那是什么“青春狂野”，那不过是宣泄。——当读书学习在学生那里不是享受而是煎熬时，任何解释都讲不出令人信服的道理。青少年时代，太舒服安逸并不好，吃点儿苦没什么，但“苦”得要有价值。中小学生课业负担重，作业多到了反常识、不讲理的程度。用所谓的“勤学”“刻苦”去消解学习趣味，学习没有了“探究”“冒险”“尝试”“体验”，怎么可能“培养创造力”？

然而，作业负担重这种现象为何屡禁不止？

不尊重人的思维发展的客观规律，不重视学生的心理承受力，在于教师对学科性质和内涵缺乏认识。教学有盲目性，布置作业也就不可避免地走向盲目。很多教师仍然迷信“大运动量训练”，而不知这种“大运动量”会给人的身心健康造成伤害。他们布置作业，既不考虑作业的必要性，也不计算平均完成时间，盲目到近于野蛮。近年高中教学流行“刷题”一词，即教师布置作业只需说“从多少页做到多少页”，至于数量究竟有多大、学生一般需要多少时间才能完成、如何评价，等等，教师往往不考虑。如果他们能去做一遍，能去体验几次，可能就会认识到这种超负荷作业的野蛮性。作业太多，教师没法正常批改，只能让学生自行“对答案”。如此“作业”，意义就更有限。教师不了解学生做作业的过程，不了解学生思考的状态和具体的困难，只能通过学生说“会”“不会”来做判断，这类作业劳而无功。学生的坏习惯也因此而生。家庭作业太多做不完，次日早读课上总有学生在抄别人的作业。为什么中学生的书写状况不佳？往往也因为小学阶段的作业过多，书写量过大，学生为了加快速度而牺牲了书写质量。

在学校落后的评价机制的影响下，学科之间无序竞争，抢占学生课外时间。大多数学生会说出某一门课的作业超量或“老师会折磨人”的话，而那个学科的教师极有可能是年级里的强势人物，或是在学校担任行政职务，或是带毕业班曾获得过好成绩。他因此拒绝批评，学生也不敢提意见。教师的强势往往有所依仗。学校或家长会表扬他“负责”，特别是他所教学生的中考或高考成绩能比年级均分多个两三分，然而，没有人去评估学生为了这两三分付出的高昂代价，更不会去考虑这种超负荷作业如何浇灭了学生学习的兴趣。

的确可以看到，学生因为高强度训练，能机械地完成答题，能在短期内提高成绩，也的确有学生会感激教师的强制训练，让他这个“一般化”的学生有机会上了大学。这样的表扬让一些平庸的教师更加迷信“大运动量训练”。可是，超量作业不仅败坏了学习趣味，也败坏了思维品质，学生成为做题机器，对“学习”产生错误认识，可即便如此，他也未必会发现他后来的平庸和中学时代的学习有关。

教学观念不正，“减负”永远是空话。

三令五申“减负”，均无显著成效。现在，动员“减负”反而有压力。政府向教育部门要“升学率”、家长压学校补课，都是20世纪80年代没有过的事，其苗头刚刚出现时还羞羞答答的，后来逐步公开化，并形成了“社会舆论压学校”的态势。学校的话语权被削弱，加之考试改革严重滞后，正确的教学观和教育常识很难影响社会，往往只能在少数学校看到部分教师在坚守常识。

这些教师都谈到，设计合理的作业很重要，更重要的是保护学生的学习趣味，注意学生的精神需求。在检查、评价学生的学习状况时，有常识的教师关注的是学生的思维发展和学习品质，而不是所谓的“刻苦精神”。他们认为，只有完成科学合理、有必要性的作业，才能算“学习”，反之就会被视为“负担”。

小学生写“观察日记”，原本是有用的学习，可有些老师信口一句“每天写！”学生的麻烦就大了：春天来临，有些地区的植物每天能长一两厘米，可是在寒带或是雨水少的山地，长两厘米也许要一个月，有什么必要让二年级的小学生每天对着几片小叶子生造胡编？这样地败坏“观察”，难道是“教学”？有小学语文老师说“观察日记不一定每天要写，有了发现、有了感觉再写”，看似一句话的不同，会教与不会教、理性与盲目、讲理与不讲理，区别就在这里。“会教”，老师和学生都轻松——有个老师说“没要求学生做的，他们也有兴趣去做了”“担心学生感到累，但他们很兴奋”。“不会教”，老师则总是埋怨学生不努力，学生则不敢直言——有学生毕业多年之后回忆一些老师的做法，往往感到当年的老师“要求太严”“不太聪明，只会整学生”。

如何保护并发展学生的学习兴趣，对专业教师来说不应是难事，难的是他在受到干扰时能否守住常识。讲常识与反常识，很容易判断。有位初中数学老师总是说“今天的课外作业就这两道题”，他的学生因此不以学数学为苦事，一些学生因此保持了学数学的兴致，虽然那两道题并不简单；而平行班的作业是教辅上的“每日一练”，有十几道题，这些题目的设计有没有道理、是否适合自己的学生，那些老师不去想，“反正多练没有坏处”。曾看到一些家长对学校的评价，他们说，“感谢学校，没有逼我的孩子补交作业”“感谢老师，让我们知道了培养好习惯比多做作业重要”。对这些教师的教学，业内应当给予足够的肯定。

如果学生“懂了”“会了”，能不能让他们少做点儿作业？如果时间略有富余，能不能引导学生学点儿别的？——如果你也累了，能不能顺便也让学生休息一下？你真的认为学生能停下来休息一会儿就是自己“不负责”？

每天在那里“巩固”“加强”“扎扎实实”，目的也不过是“千锤百炼”“考试时不失手”。学生的学习视野狭窄，在未来会感到学习的欠缺。一些在学校循规蹈矩的学生走上社会后创造力不足，和他在学校亦步亦趋的“紧张”不无关系，他们在小学和中学阶段一直在向前“跑”，脑子里想的只是不能让别人追上，这与一只逃命的兔子没有太大差别，也就不可能去留意路边的风景。

有正确的教育观念支撑，减轻作业负担不是没有办法。除非不想“减负”，以全国几百万教师的经验智慧，不可能找不到解决矛盾的方法。比如，既然讲“因材施教”，一个教学班内，是不是所有学生必须做同样数量的作业？有些老师没有主见，家长嫌作业少，他就增加，让学生吃不消；家长埋怨负担重，他就减量，让有的学生又喊“吃不饱”。教师心里要有常识，眼里要有学生，不应跟着家长或他人的意愿随意布置作业。为什么不能根据班级不同学生的状况，合理设计作业？比如，可不可以留“分层次作业”，满足不同需求，适应不同的发展个性？山东一位小学语文老师对我说起她的做法——将作业分为A、B、C三种，供学生自己选。A种是根据教科书学习的普通要求设计的“基本型”，一二十分钟就能完成；B种是适当延展的“趣味型”，半小时之内可以完成，对课外阅读有些要求；C种是“加强版”，一小时才能完成，专门满足“焦虑型、饥饿型家长”的需求。选哪种作业的最多？老师笑着说：“三分之二学生选A，三分之一选B。原先有少数家长选C，也逐渐放弃了，现在没有人选。所以，我只要出两种就够了。”

就这么简单！看你敢不敢学。

不能“读死书”

20世纪60年代读中学，学校经常组织活动，“批判资产阶级教育路线”，有些耸人听闻的话，如“死读书，读死书，读书死”，老师课堂也时时提及。把“读书”和“死”联系在一起，让我们这些少年感到“读书”的恐惧。可是，在那些年，受极左思潮影响，可读的书已经不多，学校图书馆里已经找不到一本《论语》，“封（封建主义）、资（资本主义）、修（修正主义，主要指苏联）”书籍已在逐步清除，学生即使想尝试读一读那些能“致死”的书，也未必能找到。我们一直很困惑，一个人读书，果真会读到不知世事、不会劳动的地步？羸弱到连饭碗也不会端，活着能有什么意思？我们没能见到那样的人，倒是已没多少可读的书了。

1968年我插队到了农村，无书可读时，常想到教师带领我们批判的那个“死读书，读死书，读书死”，竟至有些羡慕：毕竟有书可读，用农民的话说，“撑死也比饿死好”。苦难终于结束。到了80年代，迎来所谓的“教育的春天”，学校教学秩序回复正常，对少年儿童的教育变成了“为中华崛起而读书”。那段时间说起读书，人们经常絮叨的是“就像饥饿的人扑在面包上”。然而，正常读书的好日子没延续几年，应试教育之风大作，“死读书，读死书，读书死”逐渐变成了“死做题，做死题，做题死”。

“死做题”和“死读书”也许有同样功效。前些年有教授抱怨研究生不会办事，“出了校门总是认不得回来的路”“不会交流，说话没礼貌”“做错了事，不能批评，才说一句就哭”……会不会是个案？回答说，并不罕见，程度不同而已。有的口讷，不会请教人，有的不懂尊重人，有的粗心大意、丢三落四；然而，读起书来特别善于死记硬背，对付考试异常认真。探究原因，教授认为是“中学没教好”“该教的没教”。我和教授的看法不太一样，我认为是“该学的没学”或是“只会考，根本不会学”。学生不是“死读书”吗？读多了，总该有些顿悟，为什么不去实践一下书上的道理？小学六年、中学六年、大学四年，如不继续读硕士研究生，一般已经读了16年。这16年里，他的学习多是“被告诉”，他一直被人护着、罩着，处处有人侍候，他读书心无旁骛，从“起跑线”开始，目不斜视地一路狂奔，他连东南西北都不分，又何以知道冷暖晴雨？

生活要继续，学生总得离开学校，教育必须教会他们生存。可是我不太敢想，读死书的学生，走出学校怎么活？能否取得什么成就姑且不论，也不必指望；怎样与人相处，怎样组成家庭，怎样教育子女，等等，无数的生存难题，凭他死记硬背的本事，又怎能一题一题地去“做活”？

学校教育，要让学生懂得“教育”与“社会”的关系，使他们在离开课堂后，还能利用一切可能的机会学习、了解社会、获取智慧与人生经验，这才是真正意义上的“教会生存”。在学校也能看到许多“会学”的学生。他们有阅读习惯，兴趣广泛，有许多朋友；他们会说话，有礼貌，善于和不同的人群相处，不惮于和陌生人打交道。在这类学生看来，“世事洞明”“人情练达”都应该学，见多识广、事事关心也应当学，而不同的老师都是“师”，不管什么书都应当去翻一下，因为他们在发展自己的比较、判断和选择的能力……

“会学”的学生，眼中处处有“可学”的知识，能保持好奇心和想象力（这种能力甚至能一直持续到老年），总能发现事物的趣味，发现生活的优雅。“学习”，在他是享受，根本犯不着“刻苦”。他有个人的爱好，这发自内心的喜爱，让他快乐、轻松。即使学习紧张，他也能让自己的心静下来。内心的充实，能让他从容面对复杂的问题或困境。我的学生中，有些在学习和生活中一度遇到困难，我向他们表达关切之情时，他们会平静地说“谢谢老师，我会有办法的”。

教学的困难，有时也在于一些学生内心过于褊狭，不善于和老师交流，个别学生成绩尚可，但见了教师甚至连问好和道别也不会。每见及此，我总担心“有些来不及了”：一个人不会与人相处，就失去了许多学习的机会，不大可能成为聪明人。一名高中生，读书十年以上，应当有比较丰富的经验，应当积累了一些获取知识的途径和手段，应当会借鉴聪明人的经验和方法，如果他只能待在教室里等着教师“喂”和“灌”，等待教师“告诉”，这样的学生，在未来不会有什么作为。20多年前，有次上课讲茅盾的《谈〈水浒〉的人物和结构》，课上完，有学生指着课文低声问我：“这里一处，‘打方腊’是什么意思呀？”我惊呆了，看着他的同桌，同桌疑惑地说“总不会是‘打蜡’吧？”我问：“历史课本上不是有‘方腊起义’吗？”他们说：“那就是个人名了？”多年后我还能记得他们木然的眼神。学生读到高二，仍然没有基本的阅读，没有交流意识，没有查字典的习惯，教师再怎么努力也没有用！这是教师有时会出现绝望感的主要原因。我向同事说起这件奇事，同事说：也许他们初中的历史考试就是走过场，或者当时他们为考试背过，考过了，就不记得“这个”指的就是“那个”了。这件事我至今记忆犹新，因为太低级，也因为类似的事时常遇到。我因此想到，学生不但没有问题意识，也没有基本的自主学习意识，不知道下了课该做什么，离开教师就不会学习，或只是功利地学习，最终只能背离常识，孤陋寡闻，到处闹笑话。这样的学生，连向同学请教的意识也不会有。比如“打方腊”，这名学生和他的同桌不知道，但绝不表明教室里无人知道。读得不知变通，只知考试，往往会有些“呆头呆脑”，应试教育就这样败坏了一代人的学习。

学校有正确的教育，才能培育学生正确的学习意识。学生在读书之余，广泛接触社会，就有可能改造学习观念，革新学习方法，生成创造性思维，这样的教育把学生的视野引向未来，让他们对人生有新的憧憬。我们要求学生“接触社会”，“社会”是什么？怎样去“接触”？没有正确的教育观指导，任何“教”都可能成为照本宣科的教条。比较好的办法，是让学生自己去体验。学生能有基本的判断能力，有主见，就不至于迷乱。教师过于担心学生接触社会后产生迷乱，除了对学校教育缺乏自信，也在于他自身对社会状态有错误认识，担心学生受不良影响。其实，学校不可能独立于社会，有什么样的社会风气，就有可能出现什么样的学校。学生没出校门，“社会影响”早就进来了。比如，社会残存的官本位文化，学生不出校门就能见识：学校领导干部出入官场，学会打官腔，回到学校，依照的便是社会程式，讲究仪式，讲求“座次”，等等，然而，这些不是学生需要了解的“社会”，因为它迟早要被文明和进步淘汰。

事事关心，视野开阔，学习的机会增多，学生就能积累经验和智慧。学生必须走出学校，接触社会。中国已经成为制造业大国，但很多中学生（也包括大学生），完全不了解工业生产，甚至从未亲眼见过工匠的劳动；同样，很多学生来自农村，却不了解农村和农业，不懂农时，他们的乡村记忆仅限于家庭如何把“农村户口”变为“城镇户口”的奋斗过程。在这里，“社会”“人间”“情感”都轻易地被虚化，课本上所学的知识，和眼前的一切有什么样的联系，他们不知道也不去思考，看不出“这个”其实就是“那个”。旧时所谓“两耳不闻窗外事”，也是“死读书”之一种。但是，一名有社会意识的学生，一名有“乡愁”的学生，一名眷恋脚下土地的学生，他对劳动者、对人，是会有感情的，他能想象出人们在如何劳作，人们在期待什么；“社会”在他的思考中，是人间，是生活，是劳动，当然也是学校，一生更重要的学校。

举凡人类文明，皆是需要感受的思维智慧，与金钱无关；学生丧失学习趣味，目光短浅，创造力和思维情感则无从说起。我青少年时代没有受过完整的教育，读书不多，有很长时间处在极端困难的条件下，无书可读。然而，生活在所谓的底层社会，和农民在一起，我一直在观察、学习，了解他们的经历和经验，学习他们的生存智慧。我甚至认为，我最早的经济知识和社会知识，都来自农民。他们讲述的，往往是最实用、最简明的经济和社会知识。费孝通以“江村调查”成就一生的学术地位，也可以说明，学习者必须关注社会和时代。当然，如果能有厚实一些的学习“底子”，能更“活”一些，走上社会也就能如鱼得水。

“见多”方能“识广”。无论如何，在学生需要广泛接触社会、获取最丰富的学习途径时，学校和教师必须以正确的教育观鼓励并引导学生，而不是把学生“圈养”成读书做题的机器。所谓“死读书”，往往不仅是观念方法落后，更可能是读书的目的有问题。如果没有利诱，一个人不太可能把头死死地埋进书堆而不抬头看人间。落后教育的最大危害，就在于以一个低级目的让人脱离生活实际，毁灭学习趣味，堵死通往智慧之路。

网络流行的一些语汇，有些我不太能接受，如“学霸”“巨婴”等。但我也想到，也许是面对现实，人们找不到准确的描述语汇，不得不用夸张和极端的语言。比如，特别会考试和生存能力极差这两种特征，会不会同时出现在一个人身上，如“学霸式巨婴”？这种可能性的确存在，生活中时有所见，只不过程度不同而已。

教师辛勤教学，不过是送出了一群“特别会考试的人”，这种教育模式，总值得我们警觉吧。

课，怎么“赛”

早先我对“赛课”一说没太在意，以为只是随便说说的，后来，从一些教师的业务记录或是行政部门的表彰记录中，不断地看到这个“赛课”，才开始认识这破旧立新的“教育文化”。十几年来，“赛课”已成风习，赛事长年不绝，每每想到有那么多中小学生要陪老师去“赛课”，不免有些疑惑：“课”怎么也能“赛”呢？

教师上示范课、研究课，做教学尝试，向同行公开，大家观摩、交流、共同提高，毫无疑问，有必要，对提高业务水平有帮助。我曾求教于香港和台湾地区的教师，问他们是不是能经常观摩同行的课，他们有些困惑，认为有观摩的机会当然很好，但是自己要上的课已经很多，课务负担那么重，怎么可能“经常地”去听别人的课？而且，大家受了相同的师范课程教育，读了许多专业方面的书，如有必要，可以自己研究教学问题，资讯丰富，好像没有必要“经常地听别人上课”。再说，听多了，对自己是不是一定有好处呢？

这些教师说的也是实情。我认识的一些教师，自己有能力把课上好，有教学追求，个人能应对教学中发生的问题，“底子”厚实，自己有主见，有方略，也有许多教学创新，有的已经形成了个人风格。他们安静地在自己的教室里上课，他们的学生也很安静，我认为没有必要指责他们“不善于交流”“比较封闭”等。

教师应当有一般人所不及的学习能力。在我看来，对于业务基础不扎实、读书有局限的老师来说，必要的交流有助于提升专业修养，而过了一定时期，就应当有学习自觉，有教学自信，不必东奔西走求医问药。“每事想”，是最好的学习状态；“每事问”，则可能是学力不足。

课，任何时候都可以“公开”，是否有必要称为“公开课”，我一直不太理解。我直到退休，也没有上过一节“保密课”，就连高三应试复习，甚至对付高考的小窍门，也让外校的老师听，只要他们不误把这当作“教学”就行。

但是，对“观摩课”“示范课”“公开课”，我都不是很在意，唯独这遍地而起的“赛课”，令人百思不得其解：“课”怎么“赛”？

“课”，可听、可看、可想，就是没法“赛”。速度、力量、难度、产出、威力等，大约都可以“赛”；教和学，是学生和教师的思维活动，怎么“赛”呢？不是同场竞技，不是同时发生，每节课的学生不同，时间不同，甚至内容也不同，怎么“赛”？

“赛课”赛出了很多名堂。比如，几位教师业务记录上分别有“×××杯赛课一等奖第一名”“××省教育学会赛课一等奖”“《××报》青年教师年度课堂基本功大赛特等奖”……可谓五花八门。可是孰轻孰重，孰真孰假，不但令人无法判断，也让我为一些教师担忧：这样热衷“赛课”，会不会上瘾，沦为“职业赛手”而忽略自己的学生？教育界的娱乐化让学校变得浮躁，安静的课堂也就消失了。

“赛课”也赛出好多故事。有教师曾说自己参加“赛课”的“不幸”——“抽到了恶签”，让她上第一节。这个“第一节课”有什么不吉不祥？她说，第一个上课的，评委给分都比较低。也有教师说自己运气不好，“最后一个上”。这“最后一个上”又“恶”在何处呢？答曰，两天的“同题课”听下来，评委已经疲倦了，每天听七八节课，听到第二天下午这第15节，脑袋都有些晕，昏昏欲睡，已经听不出好处来了，于是得分也不会高。还有没有什么其他方面的“运气”问题？当然有。有教师说，某次借一所学校赛课，把高一年级的班全“借”来比赛，选手抽签，可是，那个学校入学分班时是按中考成绩分的，有“实验班”“普通班”的差别。“普通班”里，又有A、B等级之分。如果运气差，抽到沉闷的班，选手就算有天大的本事，也没法把学生“调动”起来，但是评委不知情，并不考虑这些因素。

那么，平时在学校上课，上午的第一节，经常有教师抢着要，下午的最后一节，也没有哪个教师推脱“没法上”，课表安排总有先后。学校新生分班，也没听说让班主任和任课教师“抓阄”，我倒是见过一些教师让青年教师先“挑班”的。有能力的人，总会选择难度大、有挑战性的工作，学习有困难的学生正需要能力强的教师。

——在这些有关“赛课”的议论中，只有参赛教师的得失，“学生”不见了。

不久前看到一篇知名教师谈教学的文章，有些基本经验是对的，可是话题很快转到青年教师赛课上，应当注意哪些细节，如何展示个人才华，如何引发场上关注，如何让评委认可，等等，我很难接受。这些“来自评委的告诫”，对教学是不是一种伤害呢？在这里，完全没有“学生”和“学习”，只有“赛”和“获奖”。课堂教学是教师和学生的共同活动，“赛课”则是教师间的比赛，从来不会有学生在个人学习记录中写下“小学五年级曾配合数学老师赛课获得省一等奖”“初二下学期跟随英语老师参加市级赛课获得第一名”……公平起见，“赛课”是不是也该给学生评“最佳配合奖”“最佳答题奖”？

体育运动员要炫技，要用难度抢眼球，“赛课”也免不了要“展示个人”，这就不可避免地要附加日常教学未必需要的东西。即使不想摆豪华盛宴，也不大可能只做“家常便饭”了。我听一些观摩“赛课”的教师谈到，有些课，才上一分钟，就觉得讲台上这个人不是教师，“像个公关”。

竞技型教师、娱乐型课堂、“表演艺术家”——大家眼里只剩这些，至于原来是什么课，课程任务究竟是什么，往往被抛诸脑后。个别教师赛课一获胜，“演出”邀请也就多起来，没开学就能把一学期的活动排满，有“经纪人”，有“代理”，要预约，“要安排到下学期”，等等。走江湖，跑码头，赶场子似的。那么，我倒要问，你所在学校是俱乐部吗？你是教师吗？你的教室在哪里？

“赛课”一般是谁组织的、有没有产生“利益”、会不会干扰学生的课堂学习、会不会影响学校的教学秩序、会不会加剧业内不良风气等问题，可能需要我们在平静中做一些反思。如果没有利益诉求，会不会有“赛课”？至于能不能有公平、公正的“赛课”，那是另一个问题。

这个“赛课”又能证明什么？我认识很多从不参加“赛课”的教师，无论是学养还是教学技术，都称得上出类拔萃之辈，对教育界组织的各种“赛”，他们非但不愿介入，甚至不愿旁观，不愿评论。这就很值得同行们思考了。

该“反思”的是谁

小学门口，爷爷接到了孙子，爷爷问，今天放学为什么迟了一节课？小学生上气不接下气地说：“今天幸亏校长到教室来找老师有事，要不我们还得留着挨批评呢。”原来，年级数学竞赛，这个班分数落后了，老师生气了，把教室门关上训话，要每个学生写“反思”——没考好的要反思为什么做错了题，考得好的也要反思，为什么没起到“带头作用”……十岁刚出头的娃娃，现在也会写“反思”，真有些特别了。曾有科学大师叹息高校出不了“杰出人才”，可能是他不知道小学生经年累月，早就被这样的“反思”磨得没有想象力了。有小学校长介绍，的确有些老师特别热衷让学生书面检讨或“反思”，有时还规定“不少于多少字”，四五年级的小孩子，一篇“反思”能写出五百字呢。

美国有华裔教授唱“虎妈战歌”，炫子女教育之成功，我一直疑心媒体对她的介绍有些断章取义。其实，在那个环境中，她的做法属“非主流”，毕竟绝大多数家庭未必愿意让孩子的生活暴露在公众视线中，即使有人效法，孩子受不了了，也可以躲到学校去。但在我们中国，如果家里有“虎妈狼爸”，学校又有“虎狼之师”，孩子没处躲，只能到处“反思”，经常“反思”。他们以后习惯了，学“规矩”了，成了“考试精”，最后，我们就只能发出“钱学森之问”了。

该“反思”的到底是谁？学校和教师的教育行为违背常识常理，为什么不做反思？

教师能否把学生的成绩当作私产？有同行说起一位小学教师在测验成绩发布后，训斥一名喜形于色的学生，说："才考了个90分，你高兴什么？我马上就能从你试卷里再找点儿毛病出来，扣你几分，你信不信？"学生立刻畏首畏尾，做驯服状。那种耀武扬威的场面，我也曾见过，令人齿冷心寒。也就是说，那名教师有生杀予夺的权力，学生的喜怒哀乐全握在他手里，当然，学生情绪低落的时间长度也掌握在他手里，他可以为所欲为，从不反思。应试教学之所以愈演愈烈，也就在于那些该反思的人根本没有反思意识，也从来不会反思。客观地说，在这方面，小学教育危害的烈度还不算大。

有家长诉苦，说教师随意让学生写"反思"，个别孩子隔三岔五就要写上一篇。教师明知孩子们已经写得很苦，实在没有新词，也没有多余时间写这种折磨人的"反思"了，但教师仍然乐此不疲，因为他们看到了孩子们痛苦的表情。其中有些还是女教师，这就更令人难以理解。——需要指出，我这样表达绝非性别歧视。我以为，即使教师未必要把学生当作自己的孩子，可作为母亲或未来的母亲，她也应当懂得那些幼小心灵会有什么样的愿望和期待。当她有权力也有办法用一句话就掌握孩子一天甚至几天的情绪时，却选择慢慢地折辱孩子的意志与自尊，这难道是一种正常的心态吗？

教育教学，是为未来工作，我们在用自己的行为创造未来。如果我们教育出来的一代人在受教育的过程中，发现一个人的资格、地位、职业，甚至年龄，都可以用来掌控另一些人的行为、情感和态度（甚至健康），可以成为支配另一些人的时间、驱使另一些人行动的权力的时候，教育对社会可能会形成灾难。

所以，我总想很委婉地劝一些教师：能不能慎重地对待学生，给自己的未来留点儿安慰？

用“人的教育”融合学生群体

上课间隙，有时我会想：学生这会儿在想什么？他们为什么会那样想？后来我知道，学生和我一样，也在想老师在想什么，以及他为什么要那样想。作为任课教师，我并不认为只要上好专业课就算完成任务。

当年我们总把学生当作“可塑性很强”的群体，谁知道二三十年间社会发生了那么大的变化，学校教育出现了那么多令人预料不到的状况！学生群体不再那么“单纯”，家庭教育背景则变得复杂。教师不能选择教育对象，也因此对职业素养提出了更高的要求。教师必须遵循教育原则，同时必须是善于变通的人，他对学生不能再用单一的教育方法，他的教育教学要兼顾不同背景与个性的人。

不同的家庭背景与境遇对学生的人格、性格可能形成影响。学生进了学校，教育就得起作用。如果要用相对公平、统一的尺度衡量学生并实施教育，我认为未必是考试成绩，而是个人文明修养，因为这涉及他在未来能否“立于世”。

我长期在高中教学，面对的学生，年龄段在15岁至18岁。学生多为独生子女，而现今大多数教师也是独生子女，这很有意思。考试制度稳定，不讲“家庭出身”和“政治面貌”，没有了“阶级”“阶层”的标签，“背景”被淡化，特权受到一定的遏制，人的“文化差异”也就显现出来。家长的教育观比较杂乱，学生的思想和学习也会跟着乱，往往会呈现出各种意想不到的矛盾。但是，教师不能乱。教师的教育理想和教育原则不能变，方法则要应时而化。

20世纪80年代，我在工作中意识到，最重要的教育，是“人的教育”。教师眼中如果没有“人”，面对复杂的班级状态，就会束手无策，他的教育教学也必然乱成一团；教师眼中有“人”，有人道意识，他的教育教学才可能真正地“以人为本”，注重细节和习惯养成，少犯错误。即如目前社会最为敏感的有关平等的诉求，学校和教师都不可等闲视之。中国的文化积淀，有不少落后的因子埋藏在教育中，人分三六九等，官民之别、贫富之别一直存在（否则中国文化不至于把“有教无类”当作不得了的教育原则），直到当下，仍然存在落后的“城乡之别”。比如，进城务工者子女的入学仍然存在一些障碍，即使政府有应对措施，但经济条件差、在校遭遇歧视，也会影响他们的成长。我在南京江浦，听老师讲述帮助外来工子女的事，很感动也很难过。那些冬天没有鞋袜的孩子生活的地方，离南京的繁华中心只有十几公里。中小学平时有些收费，班级活动也会有收费，这在多数学生家庭可能不是问题，而在少数学生家庭可能就是难事：生活本已拮据，学生无法向父母开口。怎样保护他们的自尊，怎样减少他们内心的纠结，往往不是靠教师慷慨解囊就能解决的。此类事宜细不宜粗。能不能要求班级节俭办事，减少活动开支，让所有的学生都能想到别人的难处？能不能提请学校让班主任制订资助或减免名单，形成制度？等等。无论如何，不要让一人向隅而泣。不知为什么，教室里只要有一个学生郁郁寡欢，我就会觉得自己的课没法上好。

不久前某杂志微信公众号刊出我的旧文，内中提及劝老师上语文时避用“寡妇”这个词，防止心理敏感的孩子受伤。有读者困惑：诸如此类的事有很多，教师都要一一关照，课怎么上？我认为，只要教师心里有学生，办法有的是。民间轻慢信仰与风俗的俚语、政治运动留下的伤痕、家庭不幸的记忆、个人遭遇过的挫折，等等，都可能给心灵敏感的学生造成痛苦。教师上课说话，能不考虑学生的感受吗？教师博大的胸襟充满仁爱，装得下所有的学生，学生的心，就能装得下世界。

教师帮助学生，是职责，不能要求学生报“恩”。曾有学生在随笔中提到“父亲又失业了”，我托班主任悄悄地帮了他几回，该生考上大学后来信感谢，说其实知道是老师帮他的。我没回信。这位学生毕业后找到了一份薪水较高的工作，我把喜讯告诉同事时，办公室所有老师都欣慰不已（我非常珍视同事的这种情感）—— 一个家庭终于度过了最艰难的日子。比这更令人兴奋的是，学生在信中说：“老师，我知道怎样报答社会。”——这就对了，教师无论如何不要把学生当作“私产”，否则教育的性质就变了。

我和一些有过各种困难的学生成为对话者，一起交流对问题的看法。我没试图“改变”他们，而是努力去想他们选择的合理性。我认为，总体而言，学生还是向往美好人间、向往真善美的，这或许取决于教师的教育姿态和价值追求。教师境界不高，学生的困惑会变多；也存在另一种可能，教师是个乡愿，在他的影响下，学生学会混世，过早地社会化、庸俗化。

从入职到退休，我一直在一所学校工作，所带的班级，也有不少差异。1987年我带“南京大学少年预备班”，学生年幼，多数来自农村。为了让他们熟悉南京，星期天我常带他们外出参观、游玩。有次在博物馆大厅，正为他们讲解时，有个学生大声往地上吐了口痰，我没出声，蹲下，用手帕擦去地上的痰，悄悄扔进垃圾箱，然后低声对大家说：“这是城市，要注意，你们以后都会成为知识分子，不能随地吐痰。”我蹲在地上擦痰迹时没抬头，是不想让那位同学难堪。我想的是：他肯定会明白的；他们以后想吐痰时，能记起我说的话。

不管面对什么样的学生，也无论学生处于什么样的困难中，“教师的样子”最重要。我认为，只要教师有原则、守常识，任何复杂的问题都不难解决。做一件事，会不会引发负面影响，会不会留下后果，有没有偏向某一群体，教师都要有预估。如时下非常流行的“按成绩排名次”，对学生的伤害将是长期的。有班主任把“名次榜”张贴在教室讲台边。——这种事都敢做，还有什么错事不敢做？两位任课教师见到他在教室里张贴测验名次，先是耐心劝说其取下，然后告知校方，建议重申校规，以儆效尤。——宁可得罪同事，也不违背教育原则，这才是对学生、对学校负责的态度。学校有遵守常识的教师群体，学生才能真正地“成长”“成人”。

学生毕业多年后打电话邀请我参加聚会，但不留姓名，自称“当年我在班上成绩不行，老师不一定记得我”。我回电严厉批评，告诉她：“整个班的语文是我教的，你这样说话，不像我的学生，我从没以成绩论人，你的话让我生气。”——教育要教会自由平等、自尊自强，学生毕业多年，仍没从“成绩”的阴影中走出来，这就是说，我的教育任务没有完成，我因之感到沮丧。

无论学生之间存在何种差异——家庭背景、学习成绩、性格特征、志趣爱好，等等——都可以忽略，但在一间教室里，所有的学生都应当成为文明人。学生有教养，“融合”就不困难。学生友爱，是人生幸事，教师何必要说“重友情也要重成绩”？（小学生家长鼓励孩子“和成绩好的同学交朋友”，也很鄙俗。）应试教育鼓吹“竞争”，同窗友情变得淡漠。有次进教室，看到有课桌空着，记起这张课桌昨天也是空着的，于是有所不安，问：“他怎么没来？”周围几个学生摇头表示不知道。我无法克制自己的愤怒，发了火：同在一个班，邻桌两天没来，竟然无人关注，这是什么“集体”？这个班有20多个“三好生”，高一时评上“文明班级”，学生竞选班委颇有豪言壮语，还有一批学生打报告要求加入中国共产党，怎么说一套做一套？那天我严厉批评了半节课，事后听闻有家长到校长那里去投诉，说老师训学生。——对他的投诉，我根本不在乎，我只在意自己教的学生是不是正常人！学生如此冷漠，教师为什么不能生气？孔子遇上这种事，也会生气的。

教师的职业，要求他眼中看到的是“人”，是“生命”，而非尊卑贵贱的等级标签。在教室里，我常想，我面对的人，在未来，要成为劳动者，要成为父亲母亲，要组成“社会”，要担负建设新文明的责任。因此在这个年龄段，教育要培养正确的价值追求和良好的习惯，学生的灵魂中应当有这样一些元素：人、人性、生命、仁爱、友情、善良、正直、诚实、坦白……有这样的品格和修养，当他们站立在社会时，就能有公民姿态、有担当。如果我们坐视青少年接受“我死之后任凭天塌地陷洪水滔天”的人生观而无动于衷，必将给自己留下无尽的职业耻辱。

我希望教过的学生能“走得出去”，能“站直了做人”，否则我的工作没有价值。我最怕学生变得庸俗猥琐，我常告诫学生：“你有许多自由，但不是什么事都可以做。”学生不会独立思考，价值观出错，有可能无所忌惮地做坏事。1996届毕业典礼上，全体高三教师致辞，大家让我第一个讲（也许他们认为语文教师肯定最能讲），我只说了四个字——“做个好人”。前些年那一届有个班纪念毕业20周年，有学生发言，说一直记得老师的“做个好人”。我说：“看来，至少到目前为止你仍然还是好人。”大家都笑了。“做个好人”，容易吗？不容易，但也不难。

基础教育就是“打底子”，在这个年段，文明教养是一点点儿地聚合的，教师不能大意。不敢奢望教师个个都是指路明灯，至少要让学生找到值得尊敬的教师，有人格魅力、有智慧、有办法的人，让他们不至于迷茫失路或蒙受屈辱。我在教学中想到，规训重要，比规训更重要的，是教师的教育姿态和情感。引导不同背景的学生成长，还要注意教育过程中的“趣味”，教育要培养优雅而有趣味的人。一个群体能关注自我品质，能追求生活趣味，那么，“文明”就能成为这个群体的共同追求。教师本人也应当是优雅而有趣味的人。我们社会太缺少这样的人群了。一个成天翻看学生成绩册唉声叹气的教师，一个因学生家庭背景不同而生出势利眼的教师，一个只知道鼓励学生“拼搏”、追求“成功”的教师，他的表情、眼神都可能成为学生苦痛的记忆。

IV

教师是守常识的学习者

学校的一切，都是对学生的教育，
教师不能以身作则，教育就成徒劳。

教师的第一要务是“守常”

保持正常的教学环境，让青年教师安安静静地上几年课，了解教育常识，给职业生涯打点儿“精神底色”，然后再来谈“创新”，如果精力过剩，加之时机成熟，再考虑“腾飞”，好不好？

这样的建议，会让一些同行疑惑：难道我们的校园不正常吗？

如此说来，话就长了。几年前，在教师交流大会上，我曾坦率地说：“希望老师们不介意我的话：在座的两代老师，多是应试教育哺育出来的；大部分教师在做学生时，没能享受到正常的教育……”

座中很多教师点头，认同我的判断。一些教师说起他们的高中时代：“每个月只能休息两天——回家换衣服”“进高中后从没读过课外书”“高三寒假，补课补到腊月二十九，年初六就返校了”“高中三年每星期只有一节体育课”“晚上12点之前别想睡觉”……这样的生活被命名为走向成功的“奋斗”“励志”“刻苦”。他们在学生时代经历了非正常的教育，到中学来任教后，也会认为学生就应当像他们一样“补课补到腊月二十九”，能很快适应应试教育，如鱼得水。“多年媳妇熬成婆”，没有变本加厉，已经算是仁厚的了。

可是，基础教育难道就要这样木然地违背规律、违反常识地延续下去，让一代一代的学生“补课补到腊月二十九”？

退休前的几年，我无法沉默，我不能不正视校园的“失常”。我任教的学校，离“补课补到腊月二十九”虽然还很远，但是一部分人的认知已经出现了问题，不但教育行为违反规律，反教育常识的言论也日甚一日，个别人的有关言论已经完全没有了职业耻辱感。

青年教师听闻我在20世纪80年代的体验，总是将信将疑。那个年代，学校办学条件和管理措施有许多欠缺，但社会对教育比较尊重。经历了社会动荡后，百废待兴，人们对教育有期待，痛定思痛，明白了常识、常理的重要，来自社会的干扰不太多。当时学生课业负担不算很重，课余时间较多，下午放学后，都跑到操场上运动，打球一直打到天黑。当时教师的专业水平不算高，但都有比较强的学习意识，争相去进修，有些下了课还去大学读夜校。图书馆的图书借阅率很高，教师业余时间逛书店的很多。那段好时光很短暂，顶多十年吧。随后，应试教育从农村向城市蔓延，"升学率"成为社会焦虑，东亚地区中学教育经历过的"补课""家教""补习班"如期而至，而教育界没有充分的思想准备，也没有相应的法规措施，民粹主张在一些地区形成强势，学校生源争夺愈演愈烈。学校的管理、教师的教学、学生的学习，都像是丧失了理性，违反常识成为常态，相信常识的则被视为异端。

经济大潮下，社会文化的方方面面无不经受了震荡，原本平静无波的学校教育不可能隔绝于社会文化之外。经济大潮推进了应试教育，形成的冲击波催生了功利的教育观，媒体堂而皇之地以各种形式宣传应试教育，以之为一地的"政绩"；在民粹大旗的挥舞下，反教育的潮流涌动，尊重常识、遵守教育规律的学校逐渐沦为孤岛。以应试替代正常教育，必然弊端丛生，必然陷进泥淖难以自拔。这很可能是大批教师无法获得职业荣誉感的真实原因。职业尊严未必能靠增加工资收入来实现，一种职业应有的属性被扭曲，必然影响从业者的情感和价值观。

一旦违反常识的行为成为学校教育的主流，教育价值就会被削弱，甚至成为"反教育"，教师的教育行为必然无章可循。一名新教师给学生布置超量作业（有时甚至会多到让老教师瞠目结舌），依据的并不是教育学常识，而是他的个人经历，他会认为，如果依据常识，就不可能在一次赛跑中领先。

正常的教育教学，必须遵循基本规律，能让学生通过学习，养成学习的自觉，积累学习的经验，发现自我，完善自我，进而更加热爱学习，逐渐成为和谐的人。正常的教育，培养出正常的人。应试教育最危险的结果，是人丧失了自由精神和自尊，把学习视为苦难行军或是一场不能落后的赛跑。那种通过简单记忆和训练以应对考试的“学习”，一旦完成了“考试”任务，也就自然终止，人也有可能随之回复到蒙昧状态。现今社会，我们不难见到“有学历的野蛮人”——他们经过12年中小学教育，又接受了大学教育，却只能从事简单劳动，而在并不复杂的劳动中，或是在日常生活中，仍然没有“规则意识”，缺乏“契约精神”，不能不说，这和他们在接受教育的过程中经历的“反常识”有关系。人们不遵守社会公共准则，彼此不信任，不能自律，不尊重个人自由，社会信用度不高，从不同侧面反映了一个时期教育的失误。

如同不可能有绝对真理一样，常识有时也需要发展和发现，但至少它能限制或阻止野蛮与无知。人们遵守常识，也在不断地验证常识。为长久计，学校教育要引导学生“守常”，就必须有成批“守常”不移的教师。

究竟应当如何评价目前的基础教育？教育工作者对教育要不要做些反思？这是个问题。我们仍然只能从常识层面思考：但凡一件事长期走不出困境，那就不会再是孤立的原因，必然会有深厚复杂的社会背景，就不能不去考察缠杂在它背后的利益。对应试教育，自然也只能这样去寻根究底。

常常回忆退休前办公室的场景。我和中青年同事在一起，为教育界各式各样的“变形记”而忧虑：人们为什么会那样曲解教育教学？教育界内部为什么会有人敢对抗常识？我们不能不失望，但我们并非仅仅为个人职业尊严而忧伤——几十年后，一百年后，几百年后，后人在研究历史时，会不会质疑我们这几代人的智商和品格？他们也许会非常困惑：那几代教师，为什么连简单的教育常识也不了解？他们为什么没有自我启蒙的意识？他们是不是遇上了无法逾越的认知障碍？……我们在讨论、在叹息时，也都在做着课前准备，因为上课铃就要响了。在向教学楼走去时，我们想的是怎样把这一节课上好。

尽自己的努力，能做多少是多少。那些年，我们就是这样过来的。

教师的职业认识与态度

多年前，谈到理想的教师职业状态，我赞同“中等的收入，朴素的生活，高尚的追求”，这些想法，也的确是我的主张。社会给教师的待遇过低，不利于教育正常发展。我至今仍然认为，“中等”（或“中等以上”）的收入是社会教育文明的基本保障，为此政府应不惜以“千金市马骨”式的策略向社会表现决心。教育要培育“人的素养”，要展现精神层面的价值，“朴素的生活”能引导教师崇尚人的精神，关注自我精神成长，与世风保持一定距离，不被物质化。可是，我逐渐感到对“高尚的追求”难以做出令自己信服的阐释。——我在教育教学中发现了趣味，我是在为个人的愉快而工作，我的所作所为，全是为“自己的”，很难以“高尚”涵盖；我不过是沉迷于“有趣的工作”，乐以忘忧。现在，我认为，“中等的收入，朴素的生活，有趣的工作”，也许是比较好的职业状态。

在小学和中学，常常能看到一些谨守规则的教师，他们的职业态度令人肃然起敬。不管社会如何误解、如何传言，这些教师对自己的工作永远一丝不苟，这就是所谓的职业精神。我的前辈教师，有些虽至今生活清贫，但内心安宁。十年前，学校委托我去慰问一位退休教师，80多岁的老教师，家中房屋仍是未装修过的“原版”，还保持着1983年住房分配时的状态。坐下交谈，老人打听的全是学校的教学情况，一句个人请求也没有。记得当年和她同事时，晚上没有她的值班任务，年近六旬的她总是习惯性地在学校绕一圈，看看学生，才回宿舍。

和老师们交流，有时我会问起他们从业之初的感受。有些老师坦率地告诉我，本来不想当教师的，可阴差阳错，被录取到师范了，后来习惯了，觉得自己适合当老师；有老师说，当年一盆火似的读了师范，后来逐渐失望，但并不后悔；也有老师说，喜欢孩子，喜欢童年，当年只是觉得和学生在一起比较有趣。十几年、几十年过去了，老师们还清楚地记得职业认识的起点。有位老师当年被“选到市府”搞行政，嫌开会应酬太累，“逃回学校”教书，虽辛辛苦苦，但甘之如饴；也有人发牢骚，说早知道教育会弄成这样，当初不如做点儿别的行当，但随即便解释，“如果从政，说不定也堕落了”，很有趣。

职业认识的起点高，很有益，至于保持工作激情，保持职业态度，则需要修炼。当年一些同事，在学校工作了三五年、七八年，就辞职了，有的是因为对职业困难估计不足，以为教学很轻松，一旦不顺，则避难就易；有的是因为性格不适合，比较孤僻或比较急躁，和学生相处有障碍；有的则是因为体会不到职业趣味，禁不住外部诱惑。20世纪90年代，为数不少的教师“下海”从商，有些大城市，教师流失量达到惊人的程度。教师弃教经商，原因不一，有的是家庭经济困难，不得不下海，有的本是“生意精”，在学校施展不开，有的则是觉得当教师“没意思”。我记得，当初他们都很果断。他们以后的境遇，无论发达或是沦落，一度成为老师们的闲聊话题，但渐渐被忘却了，毕竟教育教学环境发生了很大变化。对弃教经商的老师，我能理解。教师的社会地位和待遇不高，造成一部分人放弃，可以体谅他们的选择。学校要对学生负责，对未来社会负责，也要对教师负责，没有必要挽留不适应学校工作的人，也不该逼迫有困难的教师“坚守”。

令人不能忍受的是，一些人身为教师，却缺乏职业自尊，自轻自贱，侮辱教育。有个校长在学校教职工大会上说：“当年我高考成绩不行，所以只好读师范；我教学不行，所以只能当校长，来领导你们。”

那所学校此前没有人敢开这样的玩笑，也没有谁会把这种猥琐之言当作玩笑。这种亵渎教育与教师的言论传开，不但让教师感到耻辱，也让部分学生鄙视学校并轻慢教师。十多年过去了，不管当年的那位校长如何包装自己，老师们仍然不忘他的鄙俗。那些话，是他十多年前说的，何以令人们一直耿耿于怀？是因为他公开侮辱了教师这一职业。老师们说，他不是口误，也不是自嘲，而是永远向往官场，一直在找机会攀附。所以，无论该校长如何作秀，如何吹嘘，当年听过他那两句话的老师，对他所说的一切都不相信，因为他连基本的职业自尊都没有。

虽说职业选择体现个人认知，但也不能不考虑生存因素，毕竟人需要物质生活的基础，更重要的，还要考虑个人的能力与趣味。职业选择应当是双向的。尊重规律，人们在社会中就能各得其所；反之，不但个人不会有从业愉快，还会导致社会不和谐。医生必须和病人相处，如果他性格冷漠、偏执，必定难于治病救人；计算能力差的人从事财会工作，和反应迟钝的人当警察一样，都不可能称职；教师从事教育教学工作，面对少年儿童，没有足够的智慧和耐心，也很难胜任。不称职就是“不及格”；已经“不及格”了，不是试图提升自己以求“及格”，而是希望行业能“降格”，拉低标准以适应自己，这种反常现象现在随处可见。如果各行各业都“降格”，所形成的社会状态、所体现的风气，有可能被理解为“民族素质”，那是人们不愿意看到的。

20世纪80年代，不知何故，社会上流行一句“理解万岁”，到处都能听闻这句话。什么事做得不满意，彼此之间有什么矛盾，互道一句“理解万岁”，似乎也就有消解问题的可能。这种“马马虎虎凑合着过”的心态，让职业丧失了品质追求，使人们包容粗制滥造，包容假冒伪劣，包容有章不循、有禁不止，包容违法乱纪，包容得过且过……最终，投机取巧被视为智慧，敬业守恒被当作异端，职业道德下降，社会价值观崩溃。在一个文明的法治时代，不能再用“理解万岁”去遮盖职业品质的不足。

我的很多同事，无论在教育教学中遇到什么样的困难，都没有想过放弃。他们认为，工作的艰难是和荣誉“配套”的，你不能只要其一不要其二，对此，你自己清楚就行，不必渴望“理解”。

缺乏“热爱”，何以任教

有初中生私下议论个别教师，“对学生冷淡，走进教室总是皱眉头”。我想，这中间会不会有什么误会？有时，可能因为疲惫，有时则可能因为正在思考，并没想到学生会注意。可学生能分辨出来，“他每次进教室都难得有笑容，上课说话也不看我们的眼睛，没有情感交流，没有亲和力；其他场合，好像还比较正常”。

如果是这样，那就是有问题了。

有教师认为，情绪不高，一般是因为职业倦怠；应试状态下，工作十多年的教师，“能不变态已经不错了”。然而，我感到不解：学生坐在教室里，或站在你面前接受教育，并不知道你这会儿正“职业倦怠”，他只希望你好好待他，希望你把他当人看；他没有太高的要求，只希望你听完他的话；他没有在课堂上妨碍别人，只是偶尔有点儿坐不住。你为什么非要摆出个脸色，让他担惊受怕呢？

一个人怎么可能选择自己不爱的工作？从事教师这个职业之前，难道可以不做任何准备，随随便便地“尝试”？如果发现能力不足，有两种选择：改变、提高自己；放弃，另谋职业。我甚至想到，随着社会文明的发展，人最终能各得其所，犯不着勉为其难。我感到困惑的是，经常有教师谈“坚守”，似乎这个职业极端危险困苦，非人世之所堪。

教师没有“热爱”，缺乏事业心，缺乏职业精神，是最严重的教育危机。我不能想象几十个学生坐在台下睁大期待的眼睛，而讲台前站着一位愁眉苦脸的教师；学生对他有所期待，可是他却想尽一切办法尽早离开教室。和我不太了解其他行业的乐趣一样，我并不指望所有的人都能理解教学的乐趣，我们也不能要求所有的教师都“乐在其中”。我在学校曾看到有些教师想方设法转行，一旦成功，像是脱离苦海，摆酒请客；也有些教师在学校费尽心机，争取摆脱课堂教学，去“从事管理工作”。他们缺乏对教育教学工作的热爱，不想在课堂和学生相处。20世纪90年代初，有一批教师离开学校，或弃教经商，或报考公务员，我理解他们的选择，干不了，不会干，就放弃，把位置让给热爱教育教学的人。不要把当教师作为混饭吃的权宜之计，特别是不能当着学生的面表现出混世态度。

虽然目前教师待遇有所改善，但仍有相当数量的教师不合格、不称职。在某校交流，学校的负责人私下诉苦：学校重组时，有一半教师是其他学校“分流”出来的——“分流”是比较委婉的说法，其实就是业务功底差、工作不负责，不得不调离。这所学校因此成了全区教师的“收容队”。这样的做法，对“就近入学”的学生很不公平。校长说：“我们根本不指望这群人能教书育人，他们不爱这个职业，连自己都缺乏文明习惯，怎么能站在讲台上？”

那些在学生心目中糟蹋了“教育”的老师，除了师德问题，有没有心理方面的因素呢？的确，有些人的性格不适合当教师。有学生回忆某老师，说“他的神情总是很阴郁，冷冷的，让人不敢和他说话，也不敢向他问好；我们经常要鼓足勇气，才敢找他问个问题”“如果他偶尔想玩一下幽默，我们也不知道是不是该出于礼貌笑一下，很尴尬，因为我们无法推测他的内心”。——在这样的状态下，学生可能不敢畅所欲言，他们的学习生活不会有什么愉快。我们看到一些课堂气氛沉闷，往往不是因为学生疲劳倦怠，而是因为教师的性格或情绪影响了课堂氛围。

教师每天和少年儿童相处，不但要有基本的交流能力和愿望，而且要有饱满的人性——有爱，有母性，有人道精神，否则很难胜任这个工作。有些教师从教年限并不长，专业水平有待发展，但他们为人谦和，关心学生，诚实厚道，很快就能成为同事和家长信任的人，因为他们的品德和性格正是学生需要的“范”。我在很多地方都能见到充满教育激情的青年教师，我似乎能感受到他们课堂上的春风和夏雨。

有些教师，虽然有工作激情，但缺乏韧性。比如，工作中容易被学生的表现或家长的言辞激怒，不能正确处理和学校管理层的矛盾，一遇挫折便心灰意冷，轻言放弃。这都是当今的常见问题。每次招聘面试教师时，我都会想到，专业水平可能并不如性格、修养重要，而更重要的是“热爱”。所谓“知之者不如好之者，好之者不如乐之者”，也就是这个意思。

我在工作中见过不少老师，他们像是天生要来做教师的，有了他们，教室就成了明亮的世界，学生愿意到学校去，渴望能成为老师的朋友。有学生在入学第一天，就发短信告诉家长“这回我运气好”。听闻这样的事，百感交集，我想每位老师都应当有所思。

恪守师道是为自我生命的完善

讲“师道”，就不能不谈“尊师”。中国既有尊师的传统，不可否认，也存在贬低教师职业地位的庸俗文化，旧时民间所谓“家有三斗粮，不当孩儿王”，即是明证。社会长期呼吁“尊师”，恰恰说明一直存在不尊师的现象。几十年前，政治运动贬抑了教师的社会地位，对教师职业的侮辱与损害，余毒影响至今。

但社会需要文明与进步，不会以少数人的意志和利益为转移。即使在极左时期，人们仍然能看到那些恪守师道不肯苟且的教师。他们始终保持文明自信，用生命护卫职业荣誉。如果没有他们的直立守望，以后的教育复兴可能会更加困难。

在经济迅速发展时期，社会发生了很大变化，各种诱惑变多了，教育面临新的困难，教师职业态度出现了新问题，传统的“师道”遭遇种种冲击，不断出现挑战师德底线的现象。

部分教师丧失职业自尊，既有社会原因，也有个人修养因素。教育应当展示社会先进文化，然而，教师实际上往往无法维护职业尊严，教师自身的基本权利有时也无法得到尊重，在社会、在学校，往往表现为“人微言轻”。如果教师的权益得不到保障，他就有可能忽略社会赋予的职责，把教育教学等同于一般的商业服务，产生简单的“交换”意识，无视师道约束，丧失自尊。如，官员视察学校，学校事先组织全校清扫，下达“封口令”，通知教师不要随意走动；商人赞助学校，其子女被该校降分录取，并被编进最好的教学班，对教师招之即来，挥之即去；学生毕业后搞房地产发了财，学校以学生姓名设立“奖教金”，教师节让获奖老师披上印有该生姓名的红绶带，上台和“学生老板”合影留念……这些，在当今社会好像不是什么不得了的大事，教育界似已习以为常，但点点滴滴，却勾画出了教师的卑微地位。精神无法直立，教师就不可能成为一盏明亮的灯，在学生面前无法起到精神表率作用。

社会宣传往往缺乏常识，误把“发展个性的教育”当作特殊权利，当作“教育消费”，认为学校可以“点菜吃饭”，对“交钱择校”，甚至“交钱择班”予以容忍，实则是对教育的贬低、对教师职业身份的贬低。经常听闻一些学校不惜一切代价，千方百计满足家长和学生的要求，以换取他们的“满意”，以换取学校的“名声”，而不考虑这些举措是否符合教育法规和教育常识，不去想这些眼前之“利”是否在损害师道，也不去想学生在受教育的同时，是否会对教育产生错误认识。

师道衰退，有社会风气的影响，但主要在于教师自身缺乏追求。一个人如果是发自内心地热爱自己的职业，那么他无论遭遇何种艰难，都不会改变自己的职业操守。真正的教师，能够沉潜于教育教学的探索，逐渐进入澄明之境，获得精神的愉悦。他有“热爱”，便不会把从事教育视为苦工式的奉献和忘我的牺牲。

教育是一种公共服务，但不等同于“服务业”。教师职业的社会性，决定了他首先要有独立人格和职业操守。如果教师不能正确认识职业性质，就难以“传道、受业、解惑”。合格的教师是儿童和青少年的精神标杆，学生走向学校，期待有智慧的精神引导者。在这里，他从师学习，获得教养，获得生存智慧，然后走向社会。如果小学和中学生活没有值得记忆的教育，没有让学生形成优良习惯，他在前行之路上也就很难发现美好。不能不看到，在社会不良风气中，教育非但难以独善其身，甚至有可能成为走向腐败的起点。未成年人在接受教育的过程中，如果不被人道精神唤醒，体会不到人性的美好，而过早地、经常地看到常理被扭曲、常识被歪曲，便有可能失去道德判断。人群习惯于反常识、反人道，必然会造成巨大的社会灾难。因此，不管环境有多恶劣，教师都不能把不良的社会风气作为降低师德的理由。我也看到，很多中青年教师对有违职业准则的行为敢于拒绝，会平静地声明“我不破例”，因为如果开了头，就有可能“顺流而下”，身不由己，而教师的一言一行，会影响学生的未来。有位来自乡镇小学的教师在培训交流时说了一件事。她所在的学校迎接市里的视察，“片长”（负责一地几所学校的日常管理）要求几个校长：当市领导从教学楼走廊经过时，教室里要停止上课，老师要带领全体学生大声向窗外喊“您好”并鼓掌。——一个小官，自己逢迎拍马不算，还要让校长、老师带着学生一同做奴才。这位老师感到太恶心了，她认为如果服从了，“教师生命也就死了”，她对学生说：“到时候，我们照样上课，一个也不准站起来，谁站起来我就批评谁！”我肯定了她的选择，同时也感到，在学校文化中，教师要捍卫职业尊严，形成正气，要坚决地抵制一切玷污教育的可耻行为。

教育，帮助人们摆脱蒙昧，是为了人的解放；人在从事教育教学工作的同时，也在进行自我解放。我把教学工作视为生命的一部分，并没有什么特殊的奉献意识，只是认为这是我的大地和天空。恪守职业生命的底线，也是为了自我心灵的解脱，为了余生少一些耻辱感。教师要有所为，也要有所不为。当然，在呼喊依法治国的同时，社会也应当审视教育文化，重铸师道，以适应教育的发展。

教师要带头守住底线

常有老师反映，辛辛苦苦做学生工作，收效甚微，甚至适得其反。这样的经历，我也有过，回顾所见所闻，觉得有些现象值得教师思考。

有教研员来信诉说苦恼。区里组织小学阅读演讲比赛，每所学校由五名老师带一组学生来参加，现场气氛庄重热烈，可散场后，教研员和东道主学校的老师们看着会场，傻眼了：满地狼藉，饮用水空瓶、脏纸巾、零食塑料袋、杂物……老师们心里几近绝望，觉得辛苦一场，不过是制造出一个美丽的肥皂泡。为什么在场上慷慨陈词的学生，在场下却连基本的行为规范都不能遵守？

但我的问题是：那些“指导教师”有没有看见？

这并非简单的顾此失彼，而是教师忘却了教育的根本任务，自身缺乏教育素质，如此则其创设的学习活动必然流于形式。活动的目的是什么？学生在活动中获得了什么、丢弃了什么？教师要有这些方面的反思。如果教育者对活动目的缺乏认识，“教育”就很难形成；教师教育观错误，就不具备教育资格。比如，现在学校活动很重视一些仪式，有美好愿望的人，会认为那将是美丽的人生记忆，但是为活动而活动，“负教育”出现，则将抵消教育价值。如，运动会结束后看台上散落的垃圾、家长会后凌乱不堪的教室、毕业生校庆聚会后满桌只喝了一两口的矿泉水瓶、军训后开始流行的粗话、脏话……凡此种种，都在提醒学校，一切教育行为必须谨慎，守住教育的底线。

学校是教师和学生共同的精神家园，对教育中出现的问题，教师应当善于从自身工作查找原因，端正态度，提升职业修养。如果教师没有这样的职业修养，对学生的“教育”也就无从谈起。我曾在某市为上岗两年内的青年教师做培训讲座，本以为青年会富有工作激情，没想到开场十多分钟，先后有多名教师肆无忌惮地接电话，声音很大。如此粗俗无礼，令人目瞪口呆。主办方难堪之余，说了培训中一些学员的表现，这让我对时下学校教育工作的困境有了比较深入的思考。一些教师缺乏教育理想和职业态度，很可能是因为他们自己在中小学时代就受到了错误教育的影响，对职业产生了错误认识。在不良环境中长成的学生，不可能领略教育之美，不可能明白师道之尊。有朝一日，他走上讲台，也就会传达错误的“教育”，在会场上打个电话算什么？也许还有更不堪的言行呢。

过于功利的应试教育让一些教师忽略了基本的行为准则，失去了道德底线。这样的影响随处可见，看似无所谓的问题，实则影响巨大。在新生入学教育报告讲座上，我对新生说，你们进了这所学校，一定有很强烈的荣誉感，可是不能忘了，学校的围墙内外，是同一个世界；出了校门，你还是这所学校的学生，还得保持良好的品行。你们看到了，学校门口有人乱停车，公交道也敢占，造成整条马路早晚高峰时段拥堵不堪，人们怨声载道。这种混乱是家长接送你们造成的，为什么你们就不能在200米外停下，自己走上几步路呢？会场上沉默，我认为学生会有所思考。事后有学生家长反映，教师的车也一样乱停。这就让人无话可说了。学校的一切，都是对学生的教育，教师不能以身作则，教育就成徒劳。

学校教育的困境常常在于教师与家长对底线的认识模糊。比如对在公共场所喧哗、在地铁车厢里饮食，部分家长和教师竟然认为“没有必要一概而论”；而个别校长、教师公然在圈子中炫耀酒后驾车的经历，竟毫无羞耻感。学校在培养合格公民，教师有责任指导学生遵纪守法，教育者必须遵守公共道德、遵守公民行为准则。无论社会有什么样的异常状态，教师都要恪守职业准则，道德底线不能随意“变通”。

学校的规章制度要高于所谓的底线，和学生讲底线，并不意味着要降低道德教育的水准，而要告知学生自由的边界。教育学生遵守校纪，正是为了保护每个人的权利。比如我们说“底线是不妨碍他人”，这在现今未必是低标准，如想做到，仍需要努力。我多次在课堂上对学生说：“你很重要，但你的行为不可以妨碍他人，你必须做到这一点。”有位学生早上第一节课经常迟到，她私下认为“我迟到，影响的是我，没有妨碍他人”。我不这么看，我告诉她：“因为每天你总在打铃后几分钟才走进教室，所以你的出现不可能不分散同学的注意力。而你竟然没发现大家对你的迟到反应冷漠，也许大家认为你早已没有自尊。学校铃声是一种公共约定，你却置若罔闻，在未来工作中你会成为一个大家信赖的人吗？谁会认为你是个诚信的人呢？”——这位学生可能认为我过于严厉，但如果我对此视而不见，我失职。

主张给学生自由，发展学生个性，并不意味着学生可以做一切事。在一个学习集体中，任何人的任何行为都不能妨碍他人，不能给他人造成恐惧和不安，底线就成为公共准则。20世纪90年代，校园里有个别学生衣着怪异，低俗暴露，课间在校园招摇，老师们认为“不像我们学校的学生了”，学生却说“我就喜欢这样”，家长则辩解“校服太丑”“我的孩子不在乎别人说什么”，而有媒体以“保护学生个性自由”为由报道，造成一些学生思想混乱。家庭教育失当，媒体误导社会，教师软弱，学校往往束手无策。学校对学生的着装应当有相应的规定，用明确的校规制约出格行为，该处分就得处分，该批评就得批评，“宁教一家哭，不教一路哭”，否则校风校纪立不起来。名校之所以有“名”，常常在于其所坚持的规训是为人一生的发展考虑的，是从社会文明的要求出发的。

守住底线，要从教师做起。教师如果缺乏底线意识，就没有资格从事教育工作。

你是教师吗

你是教师吗？

回答这个问题，好像只需把“教师资格证书”亮出来就行了。但是换种思维，问题可能就不那么简单。人们可能会说，一个证件就能证明身份？我这半生，不知被人查过多少次各种证件和证书（更早一些还要查“介绍信”），不胜其烦。人毕竟还要工作哇，哪有精力保存那么一批证件、证书？！进进出出，无力清点，终于有一回，我的“教师资格证书”找不到了——不知是我还是人事部门给弄丢了。弄丢了，复印件尚在，大家安慰我，复印件也承认的，可以据此到相关部门“查根”。学校人事秘书说，索性把你的证件、证书存在单位吧，省得以后拎来拎去的，弄丢了说不清。从此我少了许多麻烦，没人要我提供“原件”了。我丢了“教师资格证书”多年，照样教书，从没人认为我丢了“教师资格证书”就是假教师。

然而，我有时也会想，那些持有这个“教师资格证书”的人，是不是真教师，是不是真的能够承担所谓“教书育人”的任务，恐怕很难说。

美国马萨诸塞州的一处海湾，有一座用退役战舰改建的纪念馆，我从一个美国人写的随笔上看到他的记载，大意如下。

孩子问父亲：“这是艘什么船？”

父亲说：“是军舰。”

孩子问：“军舰是做什么的？”

父亲说：“用来打坏人的。”

孩子问：“那我们是好人吗？”

——儿童总能在不经意间本能地问出核心问题。是啊，谁能证明我们是“好人”？

那么，谁能证明我们是真教师？谁能证明我们所做的一切都符合教师职业的基本要求？

作为教师，我们往往理所当然地认为自己是正确的代表。我们站在讲台边，学生听我们的“教”，而许多人从未想过自己是否具备“教”的资格，虽然每人都有“教师资格证书”。

那么，我站在讲台边，那些曾让我犹豫不决的问题，后来有没有结果？我曾对教学内容有所怀疑，但我不能不按照教科书的规定内容讲授，在我对学生说“虽然情况可能不是那样，但考试时你必须这样回答，否则会扣分……”的那一刻，我失去了职业精神。我担心学生的“利益”遭受损失，而没有担心他们的思维与价值观会因此受到错误影响；我在没有能力让学生逃避伤害的情况下，多次放弃，回避，甚至逃避，我感到无助，却不得不扮演“助人”的角色；我自己困惑无知，却在“教”。

许多问题，我是可以照直回答的，可是那样做就可能违背了“教学要求”，于是我只能对学生说：“对这个问题，可能存在一些不同认识，走上社会后，你可能就会发现，相信你那时会有自己的思考；现在，你必须考虑考试过关。”——我认为这样是最合适的解决方法了，而当我结束了教学工作成为“养老金领取者”时，我不禁为自己的职业感到羞愧：那么简单的是非题，甚至无关我的荣辱，却要让学生无限期地等待。我只能期待社会的进步。

几年前在一次文化界的座谈会上，我说过，我最怕的是有那么一天，我的学生问我：“当年我们苦苦思考时，你是有自己的观点的；可是作为教师，你为什么不说出来？”我们今天站在讲台边，不能不考虑几十年之后的事。可悲的是，我即使想明白了也没找到恰当的方法。我诉说自己的纠结，虽然很多人并不认为这是什么问题。

少数人，或者说一小部分优秀教师以他们的道德操守让教师这一职业显现崇高，并不意味着大部分人可以坐享其成。在2017年春天，听到两条有关教师的负面新闻：有个小学老师把学生耳朵撕裂了，还有个老师用圆珠笔在学生脸上扎了许多洞，原因都是学生没完成作业。学生没完成作业，就用暴力惩罚，这是“教师”的“规定动作”吗？用暴力压服学生，在学生面前展示粗野，是没有底线，是在玷污教师职业。奇怪的是，这样的恶行往往得不到惩罚，施暴的教师顶多换个地方继续教书，不会被吊销“教师资格证书”。有个教师经常用粉笔砸上课不听的学生，他砸得很准，据说没失过手，还自吹要一直砸到“评上特级教师”才收手。我没记住这个教师的任何“业绩”，我只记得他说过“一下子准准地砸在他的左耳上”，震慑全班，因为他砸得准，学生极佩服。他的形象，和那个粉笔头的另类作用永远记录在学生脑海中，这就是他给予学生的“教育”。他有什么资格说自己是“教师”呢？即使他拿出一大堆“荣誉证书”，我也无法把他和街头的二流子区分开来。那些二流子无聊之间，也能用小石子准准地砸中一只小麻雀。

一名知识小贩能在精神上走多远？当教师职业素养被社会风气腐蚀而不自知时，他的职业没有价值。

如果教师能时时自我拷问“我是不是教师”，或许校园里能少一些反常的现象。

期待新一代堂吉诃德式教师

教育改革之所以难，既在于方方面面利益之难舍，也在于教师勇气的丧失。

堂吉诃德单枪匹马，向魔鬼冲去，虽然那不过是风车。然而，如果明知是风车也非要说是魔鬼，掉头逃跑，那不是疯子，是孱头。

十几年前，面对片面应试的汹涌浪潮，教育界几乎无法应对，因为那股潮流是政治、文化、经济的综合作用，其影响远远超出教育专业领域，是社会思潮，也是社会风气。当时有个校长在教育报上撰文称应试教育为“媚俗”，素质教育是“媚雅”。——总之，反正是要“媚”，不知作者把自己当成什么了。也有人自作聪明地提出“第三条道路”，试图区别于不体面的“应试教育”和艰难的“素质教育”，用心可谓良苦：不敢公开反常识、反教育，也无力改变应对高考的严酷现实；顺应民粹，但又不敢赤膊上阵；貌似不偏不倚，实则自欺欺人。这个“第三条道路”试图回避矛盾，既无法缓解升学压力，又不可能保存学校的体面。国家的教育路线只能有一条，即全面提高学生综合素养。

教师应当尊重学生接受正常教育的权利和愿望。目前社会形势逼迫一些学校去做违背教育常识的事（我认为增加课时、提前复习、集中营式管理，等等，都是反教育、反常识的行为，是对学生的精神伤害或迫害），多数教师对此难以接受，毕竟他们所接受的专业教育中没有这类反教育的“理论”阐述。可是，锯短了木桶一块木板的人不仅没受惩罚，反而获得了嘉奖与社会赞许，这就把原本脆弱的教育推向万劫不复的死地，也让相当一部分教师丧失了判断力。在一些地方，一些人借教育改革之皮，以“办人民满意的教育”的名义，违反教育法规，破坏教育平衡，用各种低劣恶俗的手段搅乱教育秩序，毁坏教育声誉。各种反教育行为的层出不穷，多数情况下，是少数人追求“政绩”“名声”的结果，而问题长期得不到纠正，则是为了保障某些利益集团的长久“收成”。行政不作为，疏于监管，一些媒体也在其中推波助澜。每年高考结束，媒体都会大事炒作，制造轰动效应，完全无视教育本质。业界悲叹“积重难返”，但教育界每一次热热闹闹的改革，都会受到应试浪潮的干扰。绝大部分学校都是被浪潮裹胁着走的，如想坚守常识，想当中流砥柱，“群众”和地方政府都不会答应。

非不能也，不为也。许多“社会病”，是不作为造成的。目前，在这样的局面下，学校能做的往往只是设法减轻对学生的伤害，力图以比较小的代价为学生获取继续深造的机会。——就这么个低目标，也必须克服重重阻力，学校既要费尽口舌向社会解说，还得应对主管部门的行政压力，有些学校，甚至还得面对教师和学生的怀疑。

培育学生的良好品质，教育者首先要有责任感。无论现实如何严峻，真正的教师都不会放弃教育理想、丢弃职业精神。学校应当以正确的教育教学原则给学生做示范，不能在教学中渗透功利主义，以违反常识和教育原则的行为，教学生投机取巧，唯“分”是图。

要尽可能保持学生的好奇心、想象力和求知欲，使他们保持良好的学习态度和思维品质，在未来社会能从容应对困难和复杂的局面。精神品质的“底子”要在基础教育阶段打好，如同植物的生长，不能忽略“时”。教育误了“时”，学生失去最佳成长期，不仅会加大“差异”，而且有可能“变异”。基础教育不能牺牲人的全面发展去获得考试分数的提升，不能牺牲学生的精神品质，让他们在未来社会沦为庸人或帮闲。

科技文化界批评中国教育培养不出“大师”“杰出人才”，培养不出诺贝尔奖获得者，等等，有失偏颇。其实，和全面的“人的教育”发展状态相比，“大师”“杰出人才”或几个诺贝尔奖未必能说明太多问题，教育要做的是为未来社会培养“人”。中国教育改革需要正本清源，真正以人为本，让所有的人都能在学校接受正常的教育，走出学校进入社会能“合理地做人”。

一个有创造激情、有改革活力的社会，也必然是人们有自尊、有教养的文明社会，我们无法想象，通过价值观混乱的教育能够实现那样的梦想。今天的教育，在为未来社会培养人，如果社会无力，家庭无力，那么学校必须当仁不让，来承担这份责任，教师必须担负教育重任。——尽可能地多做有益的事，能做多少就做多少，能做到哪一步就做到哪一步，尽力而为。总之，教师不能把社会和家庭推卸的责任再推给未来，这是职业态度。只要教师还有担当，一个民族就能有进取心，不会放任自流地堕落。

100多年来，外祸、内乱加灾荒，中国基础教育靠一批批堂吉诃德式的有识之士不计个人得失，拼命硬干，忘我工作，才有了后来发展的基础；没有这些人的执着和坚守，中国基础教育不知会败落成什么样子。

期待新一代堂吉诃德式教师出现。

教师应当是自觉的学习者

编者要我重看这些文章，告知书名为《老师，你为什么不再进步了》，我因之警醒，也因之有了一点儿新的感受。现在，各地比以往任何时期都更重视教师的继续教育和专业发展，很多学校在这方面有许多措施与创新，也有不俗的实绩，特别是一些研究课题，直接关注教师个人的精神追求。这本书里的教师都在积极探索，但书名却又耐人寻味。这就让我再次面对这个问题：一些老师为什么会止步不前？

或许是职业倦怠，或许是身处艰难环境，或许是理想的脑袋碰上了得意扬扬的钉子，更糟糕的或许是，他们根本没有“热爱”的禀赋，选错了职业。

时下“教育家”“名师”活动较多，宣传力度也很大，然而，一个社会最好的教育状态，在于大批教师是“合格”的，能胜任教育工作。学生在受教育阶段一直能见到“合格的教师”，他所接受的教育，才会有价值。

合格的教师最重要的职业特征，在于他自身是善于学习的人。

1966年，国际劳工组织和联合国教科文组织在《关于教师地位的建议》（以下简称“《建议》”）的第三部分“指导原则”中，对教师专业化做了说明，提出“应把教育工作视为专门的职业，这种职业要求教师经过严格的、持续的学习，获得并保持专门的知识和特别的技术”。这句话定义准确。我的理解是，“严格的”学习，指“获得”教师基本资格，即“入门”资格；“持续的”学习，则指“保持”教学的资格。教师的专业功底不可能是静止的一桶水，而应当是奔腾的江河。一名教师不能继续学习，必将丧失“教”的资格。“获得”教师资格的专训教育或许只需四年或六年，但“持续的”学习，则是终身学习；“保持”只是“合格”的一般要求，真正上升为“发展”，远远不止教育行政部门强制实行的“继续教育每学期36学时”那么简单。

仍然是这份1966年发出的《建议》，在“教师的责任”部分，列为第一条的是：“鉴于教师的职业地位在很大程度上取决于教师自己，所有教师应力图在本职工作中尽可能达到最高标准。”（《建议》第70条）

为什么要“力图”达到“最高标准”？因为教育是为未来社会培育人，教师所有的努力，都要由未来社会评价。未来社会的平均文明水平，取决于当下的教育高度。有意味的是，这份《建议》是1966年发出的，其时中国教育正经历史无前例的苦痛，那个时代的“教育”给中国社会和文化留下了无数的伤痕，隐痛仍在。我们这一代教师应当有责任感，有担当，以最好的职业品质完成历史使命，不给未来留下遗憾。

教师应当比一般人善于学习。他是“教”者，就必然“会学”。他之所以能持续不断地学习，有时甚至不一定是因为“追求”，而是因为那是一种职业本能、生命本能。如果认识不到自身应当“比一般人会学”，恐怕也就难以体会到思考和探究的乐趣，任何培训和进修在他而言都不过是例行公事，他在课堂上有可能把自身的平庸发展为一群人的平庸。

相对于各种培训和进修，我觉得更应倡导教师的个人学习。我不认为教师只是“教育”的执行者，教师必须有属于个人的思考，必须经常地和“问题”共处。教师的职业修养只有个人才能完善，当专业发展不被名利所诱惑，而成为职业自觉时，才可能是有趣味的。

教师在有了一段教学经历后，应当有“探索”和“自我更新”的能力。社会能提供必要的进修条件固然重要，更重要的是个人能成为自觉的学习者，能通过个人的探索、总结与反思，把教训和经验变为职业能力上升的阶梯。一名没有功利心、勇于探索、不怕失败的学习者，是学生最好的老师。

过了很多年我才逐渐明白：做教师的，其实是通过课堂在教自己。我在教学生的同时，也在教自己去领会常识的伟大，教自己主动“学”，教自己理解什么是教育，教自己有智慧地面对渴望学习的人……

只有个人才能思考，也只有独立思考才能让人获得发展。同样，只有个人才能阅读，只有个人才能写作。当学习成为生活方式，自我启蒙就是最好的人生状态，职业能力就有可能得到“保持”进而“发展”，属于个人的发现和创造也能够实现。所有的个人思考都是有价值的。有时，随着思考的深入，问题变得盘根错节，让我们无法主导或干预；有时，思考又回溯至原点，回到一般人不得不承认，但又难于遵守的常识，问题似乎变得简单而千年无解。问题缠绕着职业思考，教学中始终有令人困扰的问题，如同身处激流之中仍然固执地想寻找源头，但是，这样的困境促进了自由思想，在精神桎梏下，个人的想象力得以无限扩展。教师的学，并非在于能不能得到，能得到多少，而在于有没有属于个人的思考。

必须把专业修养的提升当成个人的事。一些教师把职业进修当作行政要求，而没有意识到这是个人安身立命之本，因而他们的学习总是被动的。我在一些教师培训班上看到教师签到、刷卡，为防止早退，培训结束时还要点名，总感到难堪：教师的进修需要这样严管和监督，如果让学生知道了，会有什么样的后果？

在任何时代，平庸的教师总能找到懈怠的理由。他像是在等待，似乎想等到一个理想的环境出现再来发展自己，他在埋怨中耗尽宝贵的时光，也同时实现了“误人子弟”。

热爱教育的教师，有精神寄托，同时“比一般人会学”。他内心辽阔，他的课堂充满激情，闪耀着智慧之光。无论在什么时代，都能看到这些真正的教师，否则一个民族不可能创造、延续灿烂的文化。看到古代精美的雕塑和绘画，看到那些历经千年风雨仍然屹立的殿堂，我会想象那些匠人，是怎样为自己的快乐追求，为职业声誉而安静地劳作的。他们也曾经历不为人理解的困窘，有过贫穷和饥饿，但他们对职业的热爱没有磨灭；专制的锁链，屈辱和压迫，扼杀不了自由思想和创造激情。因为热爱，他们富有想象力；因为肯学、会学，也因为执着，他们能创造。态度和情感决定了创造力和技术的进步。

人只活一辈子，为什么不追求美好的职业状态?

现今教师面对的困难，再过一二百年，也许会不足挂齿；但后人对我们今天的职业状态也许会很不理解，他们会奇怪：当时那几代教师的职业追求怎么那么低?

我由此也想到，要警惕异化。现在，教育界太喧嚣了，过多的“特色”有可能遮蔽常识。娱乐化的“赛课”、评比冲淡了教学的职业责任，而过多的团队集中活动有可能冲淡个体知识分子的思考力。

一棵长在集市中心的树，固然万众瞩目，但失去了田野。教师的进步，要有安静的环境。

（本文为《老师，你为什么不再进步了》一书序言）

在开始的十年

参加几所学校的培训，讲“我在开始的十年”。之所以讲这个话题，是因为回顾自己走过的路，感到教师职业开始的十年最为重要——开始的十年是什么状态，以后很可能就是什么“样”了。青年教师入行之初，要有正确的职业态度，要有点儿职业激情，如果入行时缺少对职业的正确认识，也许得走比较长的弯路。走点儿弯路，往往也是人生必然，但教师走弯路，会让社会付出比较高的代价。所以，教师在开始阶段要有足够的心理准备，在职业修养方面多下功夫。

叶圣陶先生谈到为师之道时，曾强调“肯负责，有本钱”。“肯负责”，是指师德修养；“有本钱”，是指业务功底。旧说“底子”，一般指随着时光流逝，潮起潮落，多多少少剩下的一些“值钱”的东西，说的是经济方面的实力。从这个意义演绎，教师的“本钱”，那指的就是教学技术和“经验”了。

回顾自己的职业经历，如果说还有什么值得肯定的话，莫过于我把自己教成了一名“爱学”并“会学”的学生。——了解我的同事，都不认为这是谦辞，而是我的真心话。我在和同事们相处的过程中，经常向他们请教我不懂的事；我至今仍然对很多领域的知识有兴趣，也在于在一所学校，甚至一间大办公室内，有十多个不同学科的教师——除了学校，很少有地方能有这样的条件。

私心认为，同事对我的最高夸奖，莫过于那句“他一直在学习”。

如果我学到了此前未曾接触过的知识，弄清了某个问题的真相，我仍然能像年轻时一样激动。进入老年，我还能有“学”的趣味，还能从“学”中获得愉快，夫复何求?

教师的专业进修，要靠自身的学习意识驱动，任何行政指令和利诱都不如自身需求管用。教师的专业素养，体现在他的教育观和教学智慧上。知识背景越广阔，对世界的了解越丰富，他就越会有学习的激情，越能孕育教学智慧。他比一般人“会学”，学习意识出于自觉、成为习惯，引导他前行。

20世纪80年代初，“充电”一词广为流行，人们会很自豪地告诉别人“我最近在充电呢”，表示自己在学习、进修。改革开放让人们睁开眼，看到了世界的进步和自身的落后，看到了违背规律、违反常识的苦果，有了理性的反思，有了改变自己的愿望，因此有“学”的动力。把“充电”一词挂在嘴边，逐渐成为一个人上进心强、在工作中负有责任或在单位里占据重要位置的暗示。“充电”流行至今，或者说社会始终以“充电”为时髦，可能也说明人们对“学”仍然缺乏正确的认识。教育教学工作不是靠“充电”就能完成的，教师专业素养不可能靠简单的“输入”。

教师比一般人“会学”，才有资格“教”，因为他的职业本质是“教别人学”。一名“教别人学”的人，自身必须是“学习者”，应有学习经验，并能启发、培养别人的学习意识，引导别人学会学习，进而养成终身学习的意识。

“会学”，则随时随地能发现可学的东西。我常向青年教师请教，绝非故作姿态，而是看到他们的优势：他们受教育的过程比我完整，他们所学的知识比较新，在学历教育过程中，他们遇到的老师的风格和我所遇不尽相同，也许会有些我所不了解的观念和知识。我的青年同事阅读背景和趣味不太一样，在处理同样的教学内容时，他们的思路会给我崭新的启示，这就经常令我对他们的阅读感兴趣。很多书是他们推荐我读的，读后他们也希望和我交流。老教师多上了一二十年的课，会有不少经验；他们凭经验，也凭一点儿运气，往往上起课来能比较“顺”。一些青年教师往往只看到老教师的那个“顺”，而忽略了自身优势，忘记了自己还处在可以大量“学”的积累阶段。现今青年教师的学习条件，是有史以来最好的，他们的学习激情和效率，也令人羡慕。老教师欲“学”而力有不逮，他们的那点儿灵感，往往也是靠熟能生巧的“复习”得来的。青年教师一定要有职业自信，多读多思。专业学习的最好时光，其实就在入行的十年，“底子”夯实了，以后的教学就相对轻松了。

“会学”，则处处有师。我听同行的课，不太在意他不如我的地方，只看他有什么地方比我强——我是学习者，“我是来‘学’的”——持这样的心态，就经常能看到别人的长处，看出门道。入门之初，我特别注意同行教学中那些简单实用的方法，那些方法很可能是他多年积累的“窍门”，而且是常用的，譬如在外用餐，回家后你很可能不会去学做山珍海味，反而会去练习做家常菜。办法常用常新，虽然有时仅仅体现在一次提问中，有时仅仅体现在对学生的几句评价中。“会学”的教师，能从这些细节中体悟他的匠心，发现他的智慧，发现他不同于一般教师的好处——他为什么降低或变换提问的难度？他为什么连问三四个问题？这三四个问题有什么样的逻辑顺序？对学生的陈述，他的评价为什么会包含进一步的疑问？讲述中为什么停下来五六秒钟，让课堂静默？学生在这样的静默中会思考些什么？提出的问题，他为什么不要求学生当堂回答？等等。有些听课教师，或许是出于“不会学”，在课后往往只会问“你是怎样设计这节课的”，这种大而不当的提问可能只会得到笼而统之的回答，因而也就“学不会”。思考的习惯，决定了学习质量。

我们那代人受的教育不太正常，有很多欠缺，不得不靠自学弥补、更新。我深感中年后教学工作繁重，记忆力衰退，读书效率不太高。有些知识是因为教学需要才去学的，不一定能形成有效积累；一些早期应当读的书籍，没及时读到，即使后来读到了，却难以弥补，如同人的发育。童年时需要的营养、少年时需要的锻炼、青年时必需的熏陶，过了“时节”再补，虽然能了却生平之憾，但对思维品质的影响也就很有限。退休后，我有闲读了一些书，接触了一些有趣的知识，可惜没法再用于教学了，只能供我反思时参照、借鉴。如果我能早些读到这些书，早些了解这些观点，早些接触这类知识，或许能更多地获得启示，让自己的思考和实践往前走出一大步。

学习是有“时节”的，教师入行，对于开始的三年做什么、接下来的三年学什么、再往下的三年思考什么，大致要有个预想，这毕竟是你一生的职业呀！如果你有职业理想，就得“精打细算”，让自己有所进步。教师入行的职业训练“保质期”很短，教师的教学实践也可能是有局限的，你必须始终是一名学习者。技术人员应当在“最能学的时期”尽可能多学一些东西，所谓“技不压身”。多锻炼、多体验，方能形成“经验”，积累一些基本的、可以用来应变的方法。中小学教师，倘能从一入行就注重提高业务修养，起点高，“底子”厚，举重若轻，就可能使教学成为轻松愉快的工作，就可能比一般人更能领略职业趣味，而不至于视教育教学为苦役。从教之始，要有点儿眼光，多学一些，把“底子”夯实了，养成独立思考的习惯；不要畏惧困难，要尽可能多体验、多尝试，哪怕经历挫折和失败，也会获得意想不到的启示。在平凡的课堂上，创造精神会给职业带来无穷的趣味。教师的学习会给学生以积极影响，学生看到教师的“学”，才有可能开始真正的学习。

对教师专业发展而言，开始的十年最重要，这是最“能学”的一段时期，走过这十年，职业状态也许就大致“定型”了。在这十年，“想学”“肯学”“会学”，能积累相当多的经验，基本具备合格教师的素养。常有老师问起我初到学校的状态，我对那一段时光有比较复杂的认识。相比而言，那时候教师敬业守法，而各方面的物质条件都不如现在，社会对教育的认识比现今简单；但是，政治上的保守和管理模式的陈旧，让有独立思考的教师和学生感到压抑，“学”也并不自由。正是存在种种限制，一些老师便想创造好一些的学习环境，因为只有自由思想才能培育创造精神，而禁止自由思想，非但不可能培育创造精神，教育也将没有意义，人生也有可能失去一切。我所谓的“不跪着教书”的言说，也始于那十年的思考。回想那十年，我认为还得正确认识“压力”“困境”的作用。在那些年，我写过80万字的教育教学笔记，大概有三年时间，每天想，每天写。我并没有什么远大目标，也没有什么写作目的，我只觉得：这是我每天的工作，是我的思考，是我平常生活的一部分，与我有关。我没有注意别人如何评价，也从没想到要去整理发表。那十年我虽然工作辛苦，但有自己的精神空间，能远离名利场；我没有什么娱乐活动，却极少有人认为我是无趣的人，因为我的阅读和写作。

那十年的阅读和写作基于我的教学实践和思考，学校安排的工作量是满满的，我几乎把所有的业余时间全用在阅读和思考上。一个人能独处，就能有自己的世界。如果那十年经不住诱惑，心猿意马，见异思迁，或是随波逐流，遇难即退，何来“底子”？每个人在求学时，都不希望遇上平庸的教师，我们没有任何理由轻视自己的职业，自甘平庸或随波逐流。

传统手工业的技艺传授，是师徒制，徒弟有时会非常为难：学得勤奋，过于上心，会让师傅不放心，毕竟存在“教会徒弟，饿死师傅”的现实；不学，则没法帮师傅劳作，会招致怨恨。我不反对学校为培养青年教师而倡导“师徒结对”，但我总要对青年教师说清楚：我们是“同事”，什么千里求师、程门立雪，什么磕头鞠躬、拜师行礼，腐朽不堪，不要搞那一套，不要只看老师怎么上课，更要看他们业余时间在干什么、想什么，这是第一要记住的；互相学习而已，有想法不要藏着，要平等讨论，共同提高，这是第二；现今中学学科教学，就是那么一点点内容，不是“高精尖”，课堂是人与人的活动，每节课都是公开活动，没有什么机密，没有什么秘籍诀窍，千万不要装神弄鬼，这是第三；“底子”扎实，不可能上不好课，没有什么是琢磨不出来的，如果琢磨不出，那是“底子”有欠缺，该好好补，早点儿补，多学多思，这是第四。

坦率地说，各种职业都存在“素养差异”，一些学校的确有“不肯学”的教师，教育界也的确有专业素养很差的人在“管理”“指导”教学，再加上社会不重视基础教育，一些人至今仍然认为基础教育“技术含量不高”，这就让一些教师对职业性质产生误解，他们由此认为自己的业务修养已经不错——他没有从学生对教学的期待、时代对教育的要求来思考职业修养，而仅仅满足于“过得去”“不比别人差”或“没少干活”。缺乏正确的职业态度，逐渐失去了职业激情，走向平庸也就成为必然。

既然选择做教师，那就应尽可能去享受职业乐趣。有职业愉快，才够格谈“美好人生”。如果条件不好，就去创造；如果环境不好，就去改造。青年时代什么都不敢想、不敢做，以后不会有多大出息，也不会有职业乐趣。

教师会“剩下”更多东西

怀特海说，当一个人离开学校，把学校教给他的知识忘掉，“剩下的是教育”。我退休离开学校，忘掉了不少事，但也“剩下”不少东西，这些“剩下”的东西，让我记住了什么是“学校”，什么是“教育”。

我觉得，作为教师，我“剩下”的东西应当比学生多，不仅因为我在学校生活的时间长，更因为我是教师，我要“教”，自然要比学生“会学”，否则我有什么资格站在讲台边？

对学生而言，“剩下的是教育”，也就是说，我们漫长的日常工作是个绕不过去、删除不了的“过程”，所做的每件事都是点点滴滴的“滋养”，学生“剩下”的行为、习惯、教养、方法等，不可能通过捷径获得。

我的学校记忆都和教育教学有关，不仅仅因为我对面站着的是一个个人，也因为那些事在丰富一名教师的经验，并形成个人的教育智慧。那些教会了我怎样教书的人和事，比一本《教育学》有意思多了。我敬重从事理论研究的学者，只是我认为自己更适合课堂教学。现在常有人把上课的教师称作“一线教师”，有人抱怨“干了十多年，竟然还是个一线教师”，这句话究竟想表达什么意思，我至今不明白。

我第一次意识到讲评学生习作应当征询学生意见的情形，至今难忘。我问：“某某同学，我可不可以读一下你的作文？”学生面有难色，说：“我不愿意。”她坐在前排，声音很低，但全班都听到了。我说：

“听你的，那就不读了。同学们，她这篇悼念外婆的文章情感真诚，让我很感动。”事后想到，如果我从教学出发，直接读了，也不至于有什么不得了的后果，在同学们的称赞声中，她未必会固执地坚持己见；而当她轻声说出“我不愿意”时，我意识到自己做对了，课堂要尊重每个人，民主意识和自由思想应当在课堂上培育。全班学生可能会因此想到：以后我可以自由地写，老师会保护我、尊重我。学生能自由言说，思想水平和情感表达就有可能达到比较理想的状态。从那以后，我都会习惯性地问学生：“我可以读你的作文吗？”或“你愿意读一读自己的作文吗？”

20世纪80年代，我担任学校“树人文学社”指导教师，社员从初一到高三都有。有意思的是，一些初一学生在高三学生面前无所畏惧，争论作品当仁不让，甚至有明显优势。因为这是“文学”，存在阅读差异，有理解和趣味的不同，再说，读过就是读过，没读过就没法对话，和理科学习的循序渐进完全不同。我从那时发现，学生个人的阅读积累和经验没有年龄、年级的界限，这也是为什么一些高中生写作能力不及初中生的原因。多年后我注意到，当年那几个经常在高中生面前侃侃而谈的初一学生，依然是读书人、爱书人，少年时大量阅读打下的“底子”，让他们在工作中成为出类拔萃之辈。这也是我竭力主张中小学重视大量阅读、“打底子”的依据之一。

有个学生在数学考试中，遇到一道有些怪的题，以前没见过，于是专注于这道题，不顾其他，最后发现那道题目不可能做出来，而他用去了太多的时间，造成其他部分的遗漏，得分不高。数学老师解释：“那道题条件不足，审核时大意了，来不及一个一个考场发通知，决定评卷时不计分，所幸绝大多数学生都放弃了。”几乎所有人都认为“考试要的就是分数”，用大量时间纠缠在一道6分题上不合算，应当知难而退，但那位多花费了20多分钟的学生一点儿不后悔。他说：“我认为这样做有必要，有两个收获：一是我在考试中也能尝试冒险，二是我发现某老师那样的名师命题也会出错。”他的思考，让我刮目相看。他不在乎“分”，而专注于“为什么会这样”，比一般人多了一份经验。在科学研究等具体工作中，这种“问题意识”是从业者的必备素养，这正是将会从学校教育中“剩下”的东西，其价值远非一个数学考分可比。

80年代，有个家长告诉我，儿子平时住校，周末回家，回家后有时会在电视机前坐上两三个小时，他认为儿子高二了，不能再看电视了，于是每次儿子回家前，便会在电视机上做点儿手脚，告诉孩子：“不巧，又坏了。”家长介绍他的小窍门时颇为开心得意，哪知有次我和该生聊天，问周末回家是不是很想看电视，他迟疑了一下，说：“估计我爸和老师说了什么了。其实，我不迷武侠剧，我只不过一面看电视一面在想自己的事，放松而已。我爸玩的那点儿小把戏，我能不知道？他大学的专业是无线电，小小一台电视机坏了他真的不知道毛病在哪里？再说，那么贵的东西坏了，他会不着急？不让看就不看吧，干吗要戳穿他，伤他的自尊呢？”我听了哈哈大笑，我一直想告诉那个悄悄打开电视机后盖搞小动作的工程师：你儿子人情练达，比你聪明多啦！我也因此想到，有些家长会真没有必要开，很多事，可以直接和学生交流，不必让家长当传声筒，无事生非，聪明的学生早就把家长和教师摸透了，而我们还以为他们不知道呢。

和同事在一起，很愿意听他们说学生的各种趣事，青年教师接触学生比我方便，我毕竟“隔代”了。这也是我希望青年同行重视“一线教学”的原因。丰富的实践能让教师理解教育真谛，多给自己“剩下”一些有用的东西。

读书不就是为了让自己寂寞一些吗

因为无处不在的喧嚣与浮躁，寂寞，渐成教育界的稀缺精神。我能对外界纷扰充耳不闻、怡然独处，应该感激的，是书。为自己的阅读、因为阅读而产生的思考，是最有价值的生命活动。读书就是为了远离尘嚣，不让世俗的浮躁进入个人世界。原本清静的心境，只要夹进杂念，就如遇雾霾笼罩，无法感受悠远和辽阔。

读书为了什么？不就是为了让自己寂寞一些吗？不就是为了离世俗化的生活稍稍远一些吗？你改变不了世界，但可以改变自己呀，因为你沉醉于书的世界、专注于思考，你就成为你了。

热闹的地方没有风景，叫喊声中难有思想，寂寞的人读寂寞的书，让自己寂寞清静，有价值的阅读才会开始。每次进图书馆，我都感到自己可怜：读的书太少。有时也会感到惋惜：图书馆里有几本好书，入库30多年，只被人借过一两次；有些在我看来极有意思的书，一次也没有人借出（当然，也许真爱这本书的人都已经买过了）。学校书库里，数以十万计的书立在那里，大部分作者已不在人世，有些已成千年朽骨，而那些不朽的字是他们在寂寞中写出的，仍然在寂寞中等待同样寂寞的读者。

漫长的文明史中，很多智者的思想情感是能跨越时代的。当他们孤身一人时，思考和表达往往格外纯净。人的认知经常受环境的限制，你试图通过读书走得远一些，抵达人类所能及的思想深处，然而在阅读中你又会发现，不知不觉间跟随作者回到了常识，而常识总在灯火阑珊处。

思想者往往在寂寞中顿悟。他离群索居，青灯黄卷，迷恋于探索发现的乐趣，我能想象他凝望远方的目光，或是踌躇满志的释然。几年前曾在北美小住，在一个寂静的湖边，有条原木制成的长椅，上面的铭牌上有捐赠者的姓氏，20多年前他去世时，家属根据他的遗愿捐赠了这条长椅。我坐在长椅上，看着寂静的湖，想象逝者生前也许经常这样安静地坐在这里思考，也许曾在这里有爱的回忆，也许在这里灵光一现，吟出隽永的诗句……他想用某种形式悄悄地有所寄托，而今人也许仅仅认为捐一条长椅不过是善举。我们生存的世界，蕴含着多少前人的智慧，又埋葬了多少人的心灵。因此想到，那些读过而难忘的书，何尝不是一个一个安静的世界。

我从喧嚣与骚动中飘落到寂静。少年时代，上中学起，经常参加十万人以上的游行，见识过百万人的广场集会；中年以后，十多人的宴席、几百人的大会不计其数。生命就这样被毫无意义地浪费。扑克和麻将要四个人，对弈要两个人，而读书，可以是个人的事。一个人，拿起书就可以读了，只要有光。

无论如何，读书总是个人的事，也只有“个人”才能读书。看到媒体宣传某本书热卖，或是看到大家围坐“共同阅读”一本书时，我就觉得也许可以不去读那本书（至少暂时不需要了）。在热火朝天的氛围中读书，极易丧失判断和思考。集体不可能“学习”，一群人在一起，更不可能专心阅读。好多年之后，我仍然感到不解：我根本没法对着镜头读书，为什么有些人能够经常做到？我不认为读书是一件可以热闹的“活动”。后来我当教师，要经常了解学生课外阅读的状态。在课堂上，学生的“读书”是朗读、诵读、齐读，我猜不到学生心里在思考什么，我认为有价值的阅读全在课外。在课外，也只能是私人空间的阅读。有价值的非功利的读书，需要无限的选择自由，除了选择书籍，还可以选择读书的时间，可以随心所欲，在自己最适合的时间，读自己想读的书。浪费这种基本自由，是人生最为可惜的事。

回忆往事，常想起插队时的读书，那时能获得书籍的途径实在太少了，想找到一本可读的书实在太难了，因而特别珍惜，而当年从书本中获得的启示也影响至今。在很长的一段时间里，我一个人一直在专注地读书并思考，虽然也渴望有“同学”交流，但在那个反智年代是不可能的。“独学”的缺陷，是无法通过交流提高认识、拓宽视野并获取更多的启示，但“独学”也有特别的好处：可以自己摸索，无论是获得的灵感还是走过的弯路，都是个人亲历，过了多年，印象仍然非常深刻。后来的工作和学习，再也没有那样孤寂的环境，也就很难有那样特别的经验与教训。如果过于重视交流，以之为不读书的理由，其实是不想读书。读书本身就是在与人交流，与时代交流。那些作者，绝大多数是有智慧的表达者，他们在和世界交流，和无数的人在交流，如果读者能认识到阅读是一种交流，就未必会感到“独学无友”。

“独学”，如一个人远行，非常专注、自由，因为独处，敢于思考许多问题。在那一言获罪、人人自危的年代，独立阅读的好处只有自己明白，你即使不甘寂寞也只能寂寞，这就为自己留存下一些特别的习惯。

好多年了，乡间破屋的那盏孤灯仍然在我面前亮着。

教学之余读闲书

一些老师撰文列举自己读过的专业理论著作，我表示佩服；也有些老师表示理论书籍读得太少，问我该如何读，则无异于问道于盲。我没有接受过系统的学术训练，基础较差，能读下来的专业理论书很有限。我不排斥理论学习，只是比较喜爱平易简约的论述，远离烦琐哲学，即尽量读感兴趣的书，弄清常识。有好心人曾劝我加强理论修养，措辞委婉、语重心长，后来我就他推荐的书质疑一些基本表述，他就批评我不够谦虚。他原以为那几本书能令我兴奋得魂不守舍，成为精神源泉，其实，比那些书有趣的书和事太多太多。趣味所在，读书所在；每个人的读书趣味和取舍，与其经验、志向相合而已。“专”固然需要，可除了“专”，还可以“博”。“博”，换个意思，甚至也可以称之“杂”。我说读书要“杂”一些，很多同行便充满自信，因为他们接受专业训练后又读了许多闲书，雅人深致，逸兴遄飞，课堂上常有意想不到的创造。

你可以坦然地告诉别人你在读闲书。读闲书没有什么不好，特别是在当下，一名教师视野广阔，获取智慧的几率就更高，更不用说他是在“闲”的状态下自由获取的，而不是“攻读”“苦读”出来的，这才更有点儿自由自在的样子。

专读一经，专治一史，专攻一科，社会和时代需要这样的专门家，如果各行各业都有一些专啃冷门知识、填补空白的专家，做开拓性的研究，一个时代的文化建设会形成高度。如果更多的人能享受并发展文化，社会生态就显得和谐。和半个世纪前比，现今可以读之书无比丰富，许多学科获得的发展，超过一般人的想象。在出版业极其发达的时代，尽可能地汲取智慧、充实情感，和加强理论修养同样重要。

好多闲书是聪明人写的。聪明人之所以聪明，可能是因为他能博览群书、世事洞明。聪明人往往样子很闲，但一直在动脑子。他们写的书不一定和你的专业有关，但他的书里描述的各种人、事、物的情状，往往比“正书”中的描述有益。鲁迅曾批评一些人读书满脑袋都是“某将军的饭量，某先生的体重”（《随便翻翻》），但读闲书常常是为了消除疲劳、排遣寂寞，无可厚非；况且，知道些逸闻轶事，那“正史”的面目反而会清晰些。

教师每天要备课、改作业、辅导学生，还有校内各种事务，往往既是脑力劳动者，又是体力劳动者，一般劳动时间都超过八小时，没有谁感到清闲。在这样的情况下，再去研读理论著作，可能比较困难。所以倘若没有条件，就不必费心把自己建设成理论家了。1958年“大跃进”时，白天工作，“比学赶帮超”“二十年赶上英国”“一天等于二十年”，晚上读书，人人争做理论家，结果闹了大笑话。人们不能忘了那些教训。理论书籍可能是一家之言，但常识肯定是普遍真理。先前社会生活中的许多荒唐事，绝大多数人是凭常识判断并拒绝的。

教师受过专业训练，当然学习过专业理论，开始教学工作后，又在实践中积累了一些经验，重读教育经典，有助于提升自己的教学实践。多读些专业论著，了解本专业的发展，或者知道同行们在思考什么问题，很有必要。过于单调的阅读不仅容易引起疲劳，而且不利于接受。略微杂一些，互通、互助、互联，获得的启发就比较多。专业研读，如同挖隧道，艰苦深入，的确需要一些人去做；中小学教育，要引导学生广泛接受各类知识，启发他们的学习意识，八面来风，最好。

专业阅读，有助于获取知识；超乎专业的阅读，往往能发展为“智慧”。关乎人之未来的，远不止知识，还有学习的“意识”。中小学教育，面对的是成长中的儿童和少年，他们有极强的求知欲，他们很想了解世界，成为有智慧的人。如果他们发现讲台前的学科教师除本学科之外一窍不通，会对“学习”有什么样的判断？如果教师既是个专业行家，知识面又宽广，爱读、会读，那学生对学习的认识可能就不一样了。如果能想到，学生在几十年后可能会从事我们现今无法想象的工作（有些职业现今尚未出现），那我们必须要让自己成为能读各种书的人。

教师最好同时培养与本专业有些距离的阅读爱好，如，学数学的爱好书法，读生物的有很强的文学阅读基础，地理教师对机械学有特殊的敏感，化学教师熟知中外历史知识，等等。营养学家建议人们每天吃20多种食物，有道理。一“专”之外，“杂”一些有益，如同“尝百味，不偏食”。

悔之晚矣，我当初其实是可以省下一些时间多读些闲书的。

你是被“培养”出来的吗

一般而言，能“教”的人，本人必须“会学”。有教授说起参与“教师培训”的感受，颇多疑惑。教授认为来接受培训的教师，大多已有一定的工作经验，应当有学习能力，但自始至终，没听到学员问出一个有价值的问题，甚至也没有人提问。有次讲座结束，有学员说想要读点儿书了，请他开个书单。教授感到为难，因为通常情况下，给教师开书单是不太尊重人的事，他也不了解这些老师的阅读能力和背景，偏偏老师们缠着不放，这让他怀疑参加“培训”的教师是否是“会学”的人。

坦率地说，“培训”充其量只能让老师集中一段时间学习，和同行交流，到外面走一走、看一看，长点儿见识，增加阅历而已。那些学习能力强、“会学”“爱学”的老师，未必很在意这类“脱产培训”。现今培训很多，培训单位一般也很重视，被培训的老师当然不会也不敢说培训无用。比如，看老师的小结，说经过半个月“培训”，感到“收获很大”“从此教学有信心了”“找到了努力的方向”。我看了感到不太理解：按这个老师的说法，在培训之前，他的业务“底子”是不是很差？是不是完全不懂如何“教”，也不知道如何“学”？

人们总是在说“培养”。“素养”能“培养”吗？“素质”能“培养”吗？其实，“素养”“素质”不大可能靠外力作用生成。人的基本素养，是人在接受教育后，经过思考和实践，将所学内化为某种意识与能力，并逐渐“形成”的思维和行为习惯。“形成”必须经历漫长的过程，而这个过程有很多不确定性，同时，有规律可循的“教育”又具有丰富或复杂的环境特征，因此，“培养”不可能起决定作用。

那么，“名师”能“培养”、能“打造”吗？现在人们都习惯这么说，很多地方还有名目繁多的“名师培养工程”。可是，静心思考，真正的教师不可能靠“培养”——人们至多说“培育”了花草或是农作物良种，而不太可能说“培养”了一棵参天大树。教师有学习愿望和思考习惯，善于从实践中取得经验，才有可能获得发展。所谓“培养”，不过是造就宽松的环境，为其提供一些自主学习的时间与机会，至于能否“发展”，要看个人追求。我们可以看到，同样接受了师范教育，同样被“培养”，但一段时间后，不同教师的业务修养显出较大差距，原因全在个人。如果教师成长要靠“培养”，我们对教育的认识、对教师专业发展的认识可能进入了一个误区。

也许正是这类“培养”“培训”太多了，一些教师认为个人成长需要有依靠或依托，其自觉学习的意识便渐渐淡漠了，对很多问题也就缺乏思考，甚至无法应对基本的教学问题。“培训”活动中，常有老师问一些外行才会问的问题，比如，“请问学生不交作业怎么办？”“怎样才能提高学生的学习自信心？”“上课有些学生总是分神，我该怎么办？”……这类“每事问”的老师随处可见，而我并不认为这是谦虚好学。对一名教师来说，那些问题不需要问。他们有“教师资格证书”，有专业技术职称（在学校里可能还是“骨干”），可就是问不出一个能体现专业素养的有价值的问题。他们像是没有“常识”的概念，连基本的规则意识都不具备。他们不思考，却在从事课堂教学，这是多么不可思议的现象！

在一年一度的“职评”中，我们也遗憾地看到，大批教师的“论文”和“课题报告”没有什么价值，那些内容在很多普通资料上已被反复呈现，密集拥挤如街市。不知为什么他们会郑重其事地把学科基本知识或是教学常识当作个人的发现，作为“科研成果”，很可能，他们没有思考的习惯，没有做必要的探究，没有阅读专业文献，甚至没有阅读专业期刊的习惯，自以为有了重大突破。

我开始教学工作时，认真地把教学当作“专业”，我不认为受过大学教育来教中学就“好混”，我知道天外有天，中小学校藏龙卧虎，要虚心向所有人学习，包括学生；但我从没“拜师”，我需要学，我有自学的经验，我有独立意志，也不习惯师徒制与“传帮带”。我的阅读经历告诉我，必须自己去观察，去学，去思考。十多年后，学校设“拜师”制，并举行仪式，我对青年教师说：我们是“同事”，什么千里求师、程门立雪，什么磕头鞠躬、拜师行礼，腐朽不堪，不要搞那一套。不要只看老师怎么上课，更要看他们业余时间在干什么、想什么。——我没有骗他们，我在学校工作直到退休，从没有被当作“培养对象”，也没有接受过任何级别的“培训”。也许他们看出来了：这个人无法“培”，也不接受“养”，无法“训”，更不可能“驯”，只能由着他自己去。所以，我成了我。依常例，讲礼貌，取得一些不足道的成绩，也该感谢一些人（我也一直很想感谢什么人），但我实在想不起有谁“培养”过我。自20世纪80年代起，大约有十年，我一直在“不顺”的复杂环境中工作，不仅仅因为制度文化的压迫、人事方面的纠葛，也因为固守教育常识。只是因为不肯违背教育常识，我曾经被当作思想叛逆和精神异端，有人怕受株连，对我避之唯恐不及，如果我自称言行习惯是他们“培养”的，是在他们“无微不至的关怀和领导下”取得的，岂不是有可能牵累了他们？或许是我的“不听话”“不服从管理”和“总是质疑”，让一些干部感到不快，虽然我一直希望领导是正确的（因为那样损失小），不幸的是，结果总是相反。因而我也就没有“被培养”，所以得以保存自我。我在困难状态下的安静而自觉的学习，反而让一些人感到不安。我不明白，为什么在学校仍然有蒙昧主义存在？为什么总是有些自身并不聪明的人希望老师们“听话”“服从”？这对教育是一种伤害，也是对人的智慧的侮辱。

本地“职评”曾规定（听说其他地方也有），高级教师要“培养过三名以上的一级教师”，而特级教师作为荣誉称号评选则要“培养过三名高级教师”，需要“附学校和本人证明”，这个“本人”（即“被培养者”），要替特级教师申报人出具“证明”。在申报的材料袋里可以看到签章的“证明”：“从某某年到某某年，某某老师负责培养我，我某某年被评上一级（或高级）教师，特此证明。”——无论是对参评者，还是对出具证明者，这都是极其难堪的事，是要让后世笑话的。我一直主张取消这一条。我从没有“培养”过任何一位老师，我没这个能力，也不敢。

我这个态度，注定我不可能“被培养”，所以，后来我成了现在这个样子。

不过，我认为现在“这个样子”并不坏。

要保证教师公平的发展机会

有教师述说成长经历，谈到“组织培养”“领导关怀”，多次送他去进修，最长时要脱产一年半，对于他两次出国考察，平时到各地观摩、培训，都“毫无保留地支持”，等等。学校这样厚待这名教师，会不会有什么特殊原因？是不是他起点太低，无法胜任教学任务？会不会有什么特殊背景？或者该校编制过于富余，不得不安排一些人去进修？总之，不太正常。一名教师如果始终有超出其他教师的特殊待遇，必然会破坏一所学校的平衡。

类似的事有不少。有杂志介绍一位中年教师的经历，历数他十年间几乎每年都有省市级表彰；又有教师填写工作经历，称连续15年考核为“优秀”。这样的事，局外人见了，不会有什么特别的感觉，可如果中小学教师看了，则有可能会产生疑惑。教育部门的年终考核，优秀率一般只有15%，也就是说，20名教师的教研组只有三名教师能评上优秀。教育部门职称评定有规定，近三年任职期间评上一次“优秀”，有资格申报高一级职称。不太合理的规定总会受到消极抵制，公众会用各种办法消解其所造成的失衡。于是像是约定俗成般，老师们不约而同地会把这个“优”给那些工作表现合格、下一年将要申报职称的教师。这样的对策无可厚非。在学校，也常有教研组组长或是老教师出面“做工作”，和大家沟通，相互提醒，以保持群体的稳定和谐。对此，一般教师都能理解，但也有少数人不理解：别人能不能评上职称和我有什么关系？他依然要把工作小结写得洋洋大观，志在必得那个“优秀”，如果没有得到，他甚至会密报，指控“操纵选举”。

一个人评上那么多“优秀”，是不是就能说明他“优秀”？当然不能。不仅不能，还能说明他职业境界出了问题。过于重视荣誉赏赐，挂了太多的“金链子”，根本无法振翅高飞；他太在意外物，职业境界不可能高远。某市一次正高“职评”，评审负责人这样介绍一位校长：“当校长11年，11年考评全优。”——众所周知，校级班子八人，考核指标“优秀”顶多两名。于是有人质疑：“这位校长人品有没有问题？”大家也面面相觑，于是被“搁置”，继而又留下了一个有关“人品”的话题。

评审往往有一些“硬杠”，比如，获得省市级表彰的，可以申报某级荣誉称号。教师要获得“省市级表彰”不容易，很多学校几年也很难分配到一个名额，有些基层学校甚至“天荒”，阳光从不普照。但是，在个别学校，有教师每年都能获得“省市级表彰”，有所学校六年间共五次市以上表彰名额，竟然全给了一名教师，其余200名教师，是不是就无人有资格呢？考评委员到校考察，被询问到的老师全报以无言的笑。

有知情者说，不完全是不公平，也许是“打造”的策略，可能还是“政绩病”。20世纪80年代起这种事就很常见，名堂多着呢。有所学校在开放日迎接全省参观，做宣传展板，其中有一项是“教师风采”。学校的橱窗一共12个，原计划做12名教师的简介，每个教研组树一两名先进典型，但校长认为，与其平分秋色，不如集中力量打造一人，产生冲击力，让参观者印象深刻。于是参观者在学校只能看到唯一一个被宣传的典型，到处是这位教师的事迹，发给参观者的小册子也是宣传橱窗的浓缩版，校园走廊上还有这位教师的语录……这样铺天盖地，想不记住这个人都很难。这位教师因此在一地出头冒尖，有了话语权，成了“特级教师”，也成了“先进”“劳模”“代表”，狂飙式地出镜、出名，三四年时间，在一方成了讲话有地位的人，自然而然也就成了“评委”。有了话语权，自然可以给这所学校带来很大的报偿，因为他知道自己是怎样被“战略”出来的。如果当年不是树一个典型而是按常例12个橱窗各展示一人，分列主干道两侧，参观者左顾右盼，也许一个也记不住。

有些学校在本地区没有实力支撑，阳光照不到，没有话语权，必须找个人“出头”，名动一时，有了轰动效应后，再“以点带面”。这个办法已经流行。就像旧时代贫穷乡村的故事：全家族贫苦，最后族里决定与其一众人穷苦受欺凌，不如成全一个娃，大家凑钱，让他去省城读书，让他去见世面，去“打拼”，然后爬上去做个官，当个团长、师长什么的，就有势力保护乡里；或是共同栽培一人经商，让他成了财主，方有能力出资修路、架桥，兴办实业，提携乡人……这是旧时代穷乡僻壤的生存法则。此类打开局面再图发展的经营策略，犹太商业经典中多得是，机场书店里不难找到，只是在一个公平社会里，在一所学校里，真的需要这么干？

访问台北某小学，听一位知名教师的课，发现她叫不出学生的姓名，我感到奇怪。她说，这不是她的班，为了开课给我们观摩，临时到四年级代两节语文课。我问，那你这学期教哪个班呢？她回答：“这学期我教一年级的生活课。”原来，她任教的科目得由学校安排，这些年，她还教过体育和数学。我就此请教校长，为什么不发挥她的语文教学强项，校长说：“我们不会为一名教师提供超出其他教师的发展机会。”

在这所学校，所有教师的发展机会均等。他们不会把奖励全塞给一名教师，不会让一名教师有比同事多的培训、进修机会。如果你已经获得了每人一次的进修机会，还想继续进修，可以利用假期，自费去大学或国外考察，学校不能对某个教师另眼看待、重点培养，这是学校的公平。

要努力做到公平、公正，即使一时无法做到，也不应以“世上没有绝对的公平”来拒绝公平，或是扩大已经存在的不公平。社会应这样，学校自然更应当这样。在一个公平、公正的环境中教学，教师可以心安理得地靠自己的努力去发展，在这样的环境中，学生也就懂得了公平和公正。

“好老师”不该是应试积极分子

“好老师”应当是什么样？不同年段的学生会有不同的认识，人们也会依据自身学养或利益考量而做出不同的解释。社会如何评价，也许不足论，教师自身对职业责任和职业精神有什么样的认识，最为重要。

访问一所中学，校长遗憾地对我说，虽然升学率居本市前列，但从没有学生考上北大、清华；“群众希望有，政府要求有”，政府悬赏额度很高，可是连续多年也没法“破天荒”。每年高考分数一公布，校内外一片叹息，领导和群众都很失望，认为“归根到底是没有好老师”。校长心里也很失落，认为学校确实缺少好老师，“没有好老师就没法办学”。他这样说，我不太明白，怎么能只用考试成绩评价教师？非得自己的学生考上了北大、清华才算“好老师”？

每年高考结束，一些学校的“重奖”和商界的“重赏”，令人咋舌，经过媒体炒作，也错误地引导了社会评价。一些令教师愉快的事往往是这些：所教班“考试成绩名列前茅”，自己辅导的学生“参加竞赛获了奖”，所带的班“大多数学生考取了一本”，学生“被国外名校录取”，等等。政府把这类“业绩”作为考核教师的指标，很多教师也因此获得了各种荣耀。然而，如果一名教师仅以这类事为乐，他的职业境界可能非常有限。教育着眼于人的未来，教师的工作，是为未来社会培育合格公民，政府和社会仅仅以考试成绩评价教师，会误导教师的职业追求。

常听闻一些学校评价教师的举措，如，本科升学率达到多少，奖励额度提高多少；有一名学生考取北大或清华，奖励教师若干万元；有学生学科竞赛获全国一等奖，指导教师可享受欧美旅游一次……这些，都成为权衡“好老师”的标准。有了利诱，矛盾也就出现：起始年级分班，教师争先恐后，要带“强化班”“实验班”“重点班”“竞赛班”，因为这些班的学生基础好，容易出成绩，教师容易评上先进，也就容易获得各种称号。在各地，不难看到特级教师热衷于有偿家教，利用媒体吹嘘如何指导学生考北大、清华……所谓的“好老师”往往只是“应试积极分子”。如果评价教师不看师德和职业态度，只盯在升学率和竞赛成绩上，教师不成其为教师，教育则有可能成为“反教育”。

让我们把目光转向那些长期站在讲台边默默无闻的“普通学校的普通教师”，特别是那些在困难条件下扶助学生前行的教师。他们所教的学生或许考不上大学，或许不可能获得学科竞赛资格，也没有出类拔萃的才能，然而，他们以后会成为这个国家的普通劳动者。请问，政府和群众有没有关注这些教师呢？我在生源较好的学校工作，有很多学生考上了名校，也有一些学生读了“普通院校”，但他们都是我教的，我从没有也不能以成绩衡量学生。我知道，学习能力有高低，现行的考试模式未必能反映他们的真正学力，重要的检测将在他走上社会之后。真正合格的学生，无一不是具有强烈的社会责任感和创造精神的人，而非考试能手。

学生在学校学习，有没有获得良好教育、形成好的习惯，有没有创造精神，有没有社会责任感，有没有公民意识，在社会生活中是不是个正派人，等等，应当成为评价教师的主要标准。这样的评价应当贯彻于学校教育的细节中，成为校园文化。有天从报上看到，山西太原尖草坪区汇丰中学的学生在街头救助了一名患病老人，老人送医后转危为安。我把那则消息看了多遍，被学生的真诚无私感动的同时，我想到，他们学校肯定有好老师！

真正的“好老师”大概有这样一些特征：有社会理想，有职业品质，眼光始终能向着未来；有人道精神，在教育教学中，更多地看到的是“人”——把学生当人，也把自己当人；他不是教育生产线上的部件，而是有独立意志、有批判精神的思想者；他不屈从于权势，不受诱惑，总能从教育教学中有所发现，感受乐趣，能远离名利场；他能在学生面前展现优秀的思维品质，给学生启示和积极影响；他有反思意识和自省能力，这是他作为一名教师的超凡脱俗之处；他是有智慧的学习者，比一般人善于学；他的课堂包含许多人生经验，有宽广的知识背景，他站上了讲台，学生面前出现了辽阔的世界……

教师的教育教学有对生命的观照，学生才能有饱满的人性。好老师的身影会长久地伴随学生，学生在离开学校后，仍然能记住他们的教育姿态——“好人”的样子。

我上课是为了自己快乐

我在教室里上课，一直上到退休那一天，从没以上课为苦，从没感到厌倦，只是有时会感到疲惫而已。我能发现上课的乐趣，我每天都在检验自己的思维，每节课都可能获得意想不到的惊喜：下课铃响，会惊醒一些学生的沉思；有些学生会追着我提问，我有时会用一个反问让他们恍然大悟，载欣载奔……这些乐趣只有我最清楚。如果是无意义的劳役，我也许早就"誓将去汝"，溜之乎也，人生那么短，何必勉强自己？

每次听到有人称赞，说我"坚守课堂"，我会觉得这个人好像没什么见识，至少，他不是"知道"的人。不要以为土地上只有农夫苦痛的呻吟，自由思想也能让一个人愉快地耕作、安静地生活。

有时，我也想到教育的意义有限，也会因为漫漫长夜而苦待黎明，但这时反而体会到人生挑战的价值——这件事我不去做，让别人来做，也许还不如我做得好呢。一个人在黑暗中待久了，也可能得到另一种结果，即对光明的期待和想象成就了他的高素养，孕育了他美好的梦想，锻炼了他超乎寻常的意志。航海的人，哪里会指望一帆风顺！

我说，"中等的收入，朴素的生活，有趣的工作"，是生的满足。这些，在当今并不难实现，难得的是保持追求思想自由的品格。我做不到"无私"，我也没想过把教师职业当作奉献和牺牲，我的课是自己的思想活动，其间有我的智慧和真诚，体现了我的精神品质，我的课不是拷贝来的僵硬祭品，而是自由的生命吟唱。我用心血把课上好，是因为自己的职责，也因为我能从中享受快乐。如果没有快乐，那只能是“无私奉献”了。——“牺牲”，多崇高的一个词，可是“牺牲”的本义到底是什么？估计很多人不了解，如果他们了解了，也许就未必愿意接受这种赞誉了。那些不顾一切地总是鼓励人们去“牺牲”的人，不是心理阴暗就是愚蠢，他们内心没有人的快乐和自由。

教育的目的是让人能美好地生活，而非“活着”。在课堂上，学生需要看到思想之光，看到讲台前教师的智慧与情感；他是来学习的，不是来接受“奉献”的。讲台不是摆放祭品的供桌，而是人与人心灵沟通的平台，在中小学12年的课堂上，他肯定不愿，也不想每天看“牺牲”。无法想象，如果学生看到讲台像供桌一样，摆着几个“完整的人”，他还能有什么美的感受和生活追求？

教育教学，要让学生能把学习经历当成生命礼物，成为一生的记忆，成为一切美好事物的起始。如果学校的教育，把学生教到不想、不肯、不敢当教师，那就是教育的破产！可惜的是，几代教师辛辛苦苦地工作，换来的往往正是那样一颗苦果。

退休时，我依然认为，教师，是一份适合我的职业，教学，是我有能力掌握的技术。这份工作让我享受思考和发现的乐趣，让我的生活变得充实。教育教学，不但有灵魂的震撼，还是有血有肉的、真正的生命活动。

一名教师在他有限的职业经历中，大约要上一万多节课，每上一节就会少去一节；我在用生命上课，我自然会把每一节课当作生命的一部分一样珍惜。如果浪费了这节课，就是糟蹋了生命的一部分——学生的，我的。我得尽力，得用心。虽然每上一节课就少去一节，但是每上一节，却有可能多积累一分智慧和一分情感。我至今不理解那些把教育教学工作当作“毁灭自己照亮别人”的陈腐观念，21世纪了，怎么还那样虚伪，那样站立不稳？那些不能正确认识教师职业价值的人，凭什么要来管教学，来说三道四？

同样，我努力让学生了解教师和教学，让他们明白，趣味是引导人珍惜生活的光，作为人，要选择适合自己的职业，同时必须有“热爱”的禀赋。当然，不必指望学生都能理解教师和教育，学生未必全都单纯，有些学生的“社会经验”远远超过他们的老师。30年前，有位毕业生回校访问，看到那些过于精明的学生，叹息道：“其实，学生也要有配得上被老师教的资格。”退休多年，我才方便转述他的话。学生对教师的尊重，不是一束鲜花可以代表的。学生也要不断反思自己对教育的认识。

中年以后，我才真正体会庖丁解牛之后的那种“提刀而立，为之四顾，为之踌躇满志”的感觉。每次下课离开教室时的那种愉快（抑或失落），只有我自己知道，同事都未必能全明白，更不用说外行了。有谁知道我在第35分钟时为什么要说那两句话？有谁知道我在提问前并没有预期学生会有那样的解说？有谁知道我当时只不过是灵机一动？有谁知道我提问后为什么多等待了十几秒？有谁知道班里哪位同学不再蹙眉，哪位同学眼光炯炯有神？……

我期望在和谐的气氛中上出自己满意，也让学生轻松的课。虽然每节课都会有遗憾，虽然我经常会感到沮丧，但我每天都能看到昨天的不足，每天都会继续着新的期待。我上不出最满意的课，我后来明白：不可能有最满意的课，因为所有听课人也和我一样，都在往前走。和我的读书一样，我的学养是有限的，教师对个人的作用要有清醒的认识。在学校，没有全知全能的人，只有富有学习意识、始终在学的教师。让学生看到一个虽然水平有限（或者水平很高）但一直在学习的人，正是有价值的“教”。

“你的努力是没有头绪的，你的理想是不可能实现的，你何必去想那些呢？”我当然明白生也有涯知也无涯，但我不会因为自己看不到某个结果就放弃作为人应有的追求。一个社会，人人抱着末日思想，整体堕落，混吃等死，何来振兴？当年我选择了适合自己的职业，我从自己的劳作中有所发现，并且长久地感受到趣味，我感到满足。你少在我耳边絮絮叨叨什么“坚守”“奉献”，只要你活着不给社会添麻烦，你也可以继续睡着。

我估计，如果不是“为自己”，我可能不会选择当教师，如果不是“为自己”，我不会一直到退休那天还在教室里上课。

思考这个问题已经很久，也比较有把握了。现在，我和中青年教师谈业务修养时，总会不由自主地说：“为了自己的快乐，把课上好。”